為末大の未来対談

僕たちの可能性ととりあえずの限界の話をしよう

プレジデント社

はじめに

僕は、2つの未来に興味がある。変えられない未来と、変えられる未来だ。

その境界を決める大きな要素が科学技術だ。「科学的に見て可能性は0%」とか「技術が進めば実現可能」とかいう表現をよく耳にする。その「可能性」は、現時点でのことに過ぎないけれど、それでも科学技術の状況を見ておくことは、「変えられる未来」を見極めるための手段にはなると思う。そこで僕は、「10年後の近未来において、社会が科学や技術の進歩によってどのように変わっていくのか」という大きな問いを立て、各分野の研究者たちに投げかけてみることにした。話を聞かせてもらった研究者は10名。ビッグデータと人工知能を組み合わせて、今までの人間の作業では成し得なかった成果を得ようとしている研究者たちもいれば、生身の人間に寄り添って長寿や特異的才能の本質に迫る研究者たちもいる。

10回の対談が終わった今、僕に見えてきたことを最初に述べておきたい。それは、科学や技術が進歩するほど、人間がそれをどこまで受け入れられるかという問題が膨らんでくるということ、そして人間にできないことが増えてくればくるほど、人間らしさについて深く考えていく必要があるということ。「変えられる未来」がどんな形になるのかを考えるとき、この2つのことが鍵になってくるだろう。

為末大の未来対談

目次

はじめに　3

01
IoTの浸透で消える仕事、残る仕事
安宅和人　ヤフー　チーフストラテジーオフィサー　6

02
ビッグデータから見えてくる人間の「新たな法則」
矢野和男　日立製作所研究開発グループ技師長　38

03
「人生100年」時代の幸せのかたち
新井康通　慶應義塾大学医学部百寿総合研究センター専任講師　66

04
LEDの光が農業、医療、教育を変えていく
天野浩　名古屋大学教授　92

05
人型ロボットは人間のよきパートナーになれるか
林要　元ソフトバンクロボティクス　Pepper開発リーダー　116

06
人工知能が人智を超えた医療を実現する
宮野悟　東京大学医科学研究所ヒトゲノム解析センター長
148

07
突出した才能には教科書も時間割もない教育を
中邑賢龍　東京大学先端科学技術研究センター教授
180

08
2020年の実用化目指す無人タクシー
中島宏　ディー・エヌ・エー執行役員　ロボットタクシー社長
206

09
自動運転と電気自動車がモビリティの概念を変える
土井三浩　日産自動車総合研究所所長
232

10
義足ランナーの走りがボルトを超える日
遠藤謙　サイボーグ代表取締役社長
262

おわりに
282

安宅和人

ヤフー チーフストラテジーオフィサー

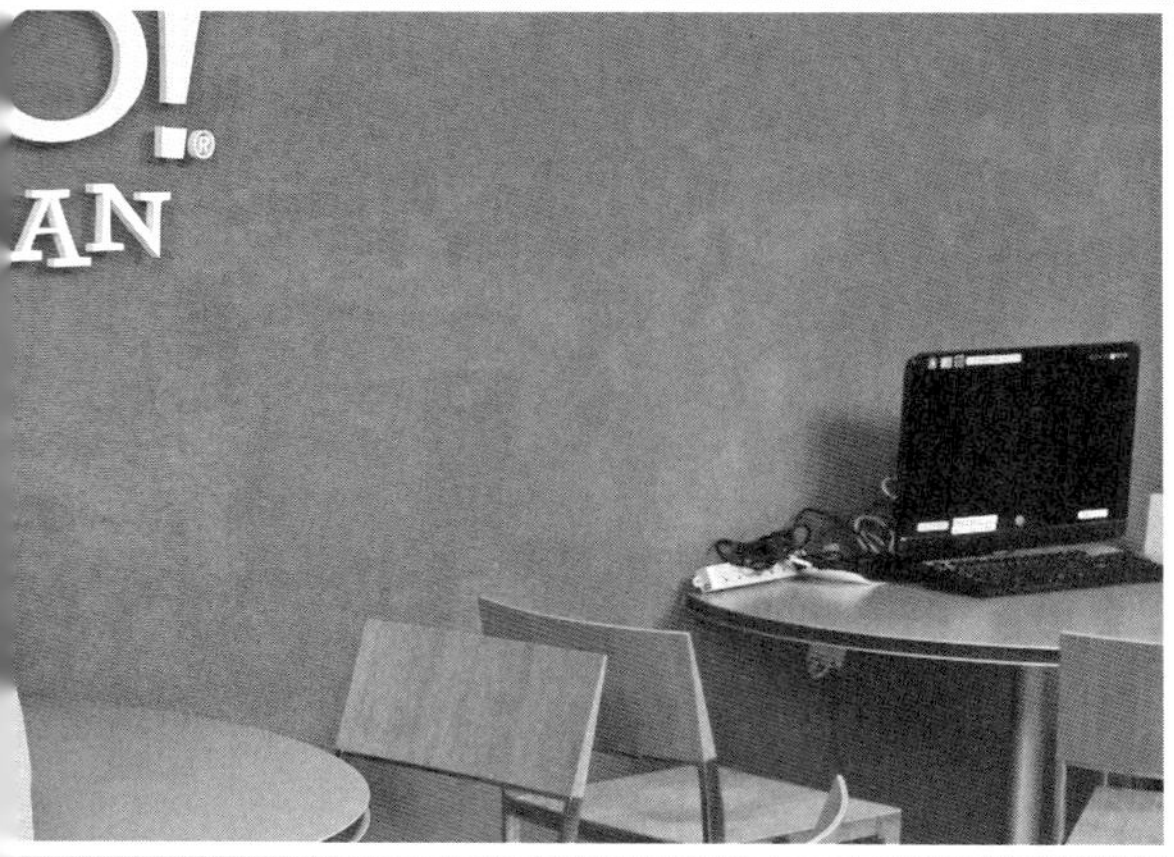

身の回りのすべてのものが、
インターネットにつながり、
相互に通信するという
IoTが社会インフラになりつつある。
データとAIとネットの組み合わせで
あらゆることが自動化し、
予測可能になったとき、
人間がやるべき仕事として
何が残るのだろうか。

IoTの浸透で消える仕事、残る仕事

安宅和人（あたか・かずと）
ヤフー チーフストラテジーオフィサー（CSO）。1968年富山県生まれ。1993年、東京大学大学院生物化学専攻にて修士号取得後、マッキンゼー・アンド・カンパニーに入社。4年半の勤務後、イェール大学脳神経科学プログラムに入学し、平均7年弱かかるところ3年9カ月で学位取得（Ph.D.）。2001年、マッキンゼーに復帰し、マーケティング研究グループのアジア太平洋地域における中心メンバーの1人として、幅広い分野のブランドを立て直し、商品・事業開発に携わる。2008年、ヤフーに入社、COO室室長として、経営課題解決や提携案件の推進などに関わる。事業戦略統括本部長を経て、2012年より現職。著書に『イシューからはじめよ』（英治出版）がある。

身体や街そのものがインターネット化していく

キーボードもいらなくなる

為末　安宅さんの「チーフストラテジーオフィサー」というのはどんなお仕事ですか。

安宅　いろいろです。ほかの幹部やグループ企業の社長さんたちの相談に乗る。会社としてのヤフーの戦略を立てるために世の中で何が起きているかを理解し、意味合いをティーアップする。

社内の横断的な課題を整理し、解決する。グローバルな企業との全社的な交渉案件を進める。それと、データサイエンティスト協会の運営といったパブリックサービス的なこともしています。

為末　4つも5つもされているんですね。

「世間で何が起きているか」については、インターネット環境が大きく進化しているということを僕も感じています。さらにこの先の世の中はどうなっていくのか。そのあたりも安宅さんには明確に見えているんじゃないかと思います。

たとえば2025年頃には、今、安宅さんも開いているパソコンはまだありますか。

安宅　微妙ですね。パソコンの機能のようなものは残っても、今のパソコンの形はなくなっていくかもしれません。

為末　たとえば、キーボードを使わない人たちも出てくる……。

安宅　大量に出てくると思います。入力するための音声認識も映像認識も、人間が認識するのに近いレベルまで来ていますから。

為末　英語の勉強もしなくてもいい状況になりますか。今、僕は37歳ですが、日常会話のレベルからちゃんと英語をしゃべれるようになりたいと思っていて。

安宅　どのくらいのことを相手に伝えたいかによりますけど、英語力も要らなくなってくるんじゃないですかね。

為末　そうですか。そんな感じになっていくんですね。

安宅　これまでのコンピュータの進歩の仕方を考えると、未来がどうなるか見えてきます。20～30年前、コンピュータがあった家庭は500～1000軒に1軒。今はみんなポケットにスマホを入れていますが、その性能は、20～30年前ならば「スーパーコンピュータ」と言われていたほどです。伝送能力も10年余りで1000倍以上になっています。

人類史上、起きたことのないレベルでの変化が起きているわけです。手紙や固定電話は消滅しつつあるし、紙の辞典も電話帳も子どもたちはめったに見ることはない。もはやつながっていないほうが珍しいような時代になりました。

為末　あらゆることがつながっていく……。

安宅　街そのものがすでにインターネット化しています。近い将来、人間は重いパソコンを持って歩くのでなく、ファッションのようにＩＴを身につけるようになるでしょう。５年後には１人あたり20や30個のデバイスを身につけたり、すぐ身の回りで使えたりできていると思います。

為末　家庭環境も変わっていきそうですね。家庭でロボットと人間が一緒に暮らしたりとか。

安宅　アメリカでも、アマゾンから人の音声を認識して音声で応答する「ｅｃｈｏ（エコー）」っていうスピーカーが１８０ドルくらい（２０１５年８月時点）で売られています。「ケイジャンチキンのレシピってどうだっけ?」といった問いに対してレシピを音声で応えたり、音楽を流したり。

為末　『２００１年宇宙の旅』のＨＡＬみたいですね。

安宅　ですね。こうしたものは、家庭に普及している可能性は高いと思います。

為末　車だと、今盛んに自動運転車が開発されていますが、あれもＩＴの塊のようなものなんですよね。

安宅　そうです。２０２５年、世界の車の約7割はインターネットにつながった「コネクテッドカー」として売られるという予想もあります。加えて「データ×人工知能（ＡＩ）」の力がいずれ実装され、人間が眠くなれば車に運転させればいいようになってきます。「今日は自分で運転したい」というときだけ、自分のリスクで「オーバードライブ」のボタンを押す、といったことになっていくと思います。車の業界は、精度よく予想通りに進歩するので、そんな車がネットにつながった未来は確実に来ると思っておいたほうがいいでしょう。

医師の仕事が質的に変わっていく

為末　医療についても大きく変化しているんじゃないかと思います。たとえば、高齢社会が進むと認知症などはより身近な課題になってくると思います。

安宅　為末さんの専門分野に近い気がしますが、人それぞれの歩き方の個性を測る「歩容《ほよう》解析」という技術の応用で、人の異常な行動の仕方がかなりの確率で認識できるようになってきているんですよ。だから、スマホやウエアラブルなどのセンサデータから認知症特有の行動パターンなどもわかる時代になってくると思います。

為末　行動から、その人の認知症のリスクなんかもわかるわけですね。

医療ではヒトゲノム解析センター長の宮野悟教授が「人工知能にがんについての質問をすると、がんの原因を確率的に導き出して、治療法を示してくれるようになる」という話をされていました（第6章）。

安宅　確かに、現在の診断では、ある種のがんは経験ある病理医が生検などで調べても、正確に診断する精度は50％ぐらいと聞きます。熟練のプロ同士が診ても意見が一致しなかったり。

でも、何十万枚ものプレパラートに入った検体を、高精度で3次元スキャニングして機械学習にかけた結果、「これは何々タイプのがんだ」といった診断をする試みがすでに始まっています。学習によって人間の精度を超え始めています。

為末　膨大なデータを蓄えて、学習もするわけですね。

安宅　そうですね。10年後かその先には、世界中のがん細胞のデータが、クラウド的に蓄積されて、「これは先月、フィラデルフィアの病院で見つかったタイプの腫瘍と同タイプです。でも、ご安心ください。この薬とこの薬を使用すれば、何％の確率でがんを縮小できます」といった処方が可能になると思います。

為末　そのとき、人間の医者の仕事はどうなるんでしょう。

安宅　装置が確率とともに示したいくつかの可能性について、「この部分はこういう見極めが大切です」と患者に伝えるような感じになるのではないかと。患者とのインタラクションがより重視されていくのではと思います。

為末　薬の処方だけでなく、薬の開発も、将来は相当に効率化されそうですね。

安宅　その通りだと思います。医薬の分野には強烈なインパクトがあると思います。たとえば、これまで解明が困難だったタンパク質がどういう形をとるかを、コンピュータの計算で導き出せるようになりつつあります。「分子のこの部分にはまるタンパク質は、こういう形になるよね」といったことがわかり、分子をデザインしてはめ込んでいくといった創薬の方法に向かっていると言われます。

問いを立て、感じて判断するのが人間の仕事

為末　ほとんどのものがインターネットでつながって、ビッグデータもそこに存在するようになる。そのとき、「このデータとこのデータからすると、こんな仮説が成り立つんじゃないか」といったことを考えるのは、人工知能と人間のどっちがやっていそうですか。

安宅　そこはすごく大事なポイントだと思います。そうした「問い」を立てるのは人間の

仕事で、それに対する答えを出すのは人工知能などのコンピュータになっていくんだと思います。つまり、「何を考えなければいけないか」を考えることに、人間の活動はかなり収れんしていく。

為末　なるほど。「問い」を立てることですか。ほかに人間がやることの価値が相対的に高まることにはどんなことがありそうですか。

安宅　感じて判断するっていうことですね。これは人間にしかできませんから。「このペン、手に持っているとなんか気持ちいい」とか「なんか書き心地がいい」といった感じ方ができるのは、やっぱり人間が手や指を持ち、そのうえ、多様な感覚器を数多く持った体をしているからなんです。

その感じ方を、四角い箱が再現することは無理なんです。だから、感覚が洗練されているような人は希少価値が高まっていくと思います。

為末　僕は、長いこと走ってきたので、足の裏で小石を踏んだりすると、たぶんそういうことを意識せず生きてきた人よりわかったりするんです。そういう点は生かせるのかな……。

安宅　それ、すごい力になると思いますよ。

為末　「路面ソムリエ」みたいな（笑）。

安宅　「この道は為末さんに歩いてもらって評価を受けた道だ」なんていうことがブラン

感覚が洗練されているような人は希少価値が高まっていくと思います。

ドになると思います、冗談とかでなく。

為末　問いを立てる力と、感じる力。あとはどんなことが人間にとって大切になりそうですか。

安宅　もうひとつ、これはあまり言われていないことですが、データや人工知能を使って、「何をやらせるか」をデザインすることのできる人は貴重な存在になると思います。

　機械で何をするのかということを全体として俯瞰し、デザインするのは人間の仕事ですから。それはいつまで経ってもそうなんだと思います。

選挙や景気も驚くべき精度で予測できる

参院選議席数予測が96%的中

為末　膨大なデータがあって、それを解析する人工知能みたいなものも進化してくると、かなり正確に未来の予測ができるようになりそうです。

安宅　その通りですね。今のデータ時代の特徴のひとつは、「因果関係がわからなくても、十分なデータ量があれば要素間の相関関係はわかるので、モデルをつくれる」ということです。原因はまったく理解できなくても、驚くほどの精度で予測をすることができるというか。

為末　安宅さんたちは、ビッグデータを分析するチームをつくって、選挙の予想とかもされているんですよね。

安宅　はい。世の中の多くの人に、データの力と面白さをお伝えするための実験的な試みです。私自身も驚いたんですが、２０１３年7月に行われた参議院選挙の議席数予測では、2～3名が本業活動の脇で1週間ぐらいでさっとやろうというノリだったのに、96％も予測が的中しちゃったんです。

為末　すごい率ですね。

安宅　後日、某大手新聞社の編集委員の方に「うちが長い時間と、まとまった調査費をかけてやっていることをそういうノリで当てられちゃうと困るんだよね」と言われました。お叱りなのか、お褒めの言葉なのか（笑）。

為末　それは、何を根拠にした予測だったんですか。

安宅　このときは、インターネットで検索された言葉の量です。予測を始める前、過去の選挙を分析していたら、政党名の検索数と得票数にきわめて高い相関関係があることがわかったんです。個人レベルでも注目度が高い人ほど圧勝するような傾向がありました。
さらに、立候補者の名前とともに検索された言葉の傾向からも、その候補者が当選するか落選するかが見えてきたんです。

為末 たとえばどんな……。

安宅 当選した人は、ともに検索された言葉に「街頭演説」とか「選挙区」とか、意識や関心の高さがうかがえる言葉が多かったんです。一方、落選した人はというと、「画像」「動画」「ポスター」「結婚」などのわりと下世話な言葉が多かった。そんなこともデータを洗いざらいしたら見えたんです。

為末 日本には政党がたくさんありますよね。アメリカの大統領選挙なんかよりも、予測ははるかに難しいのではないですか。

安宅 そうなんです。候補者も500人近くいて。それでも、「投影モデル」と「相関モデル」という2つのモデルを組んで予測してみたら、複数の当選者が出る16選挙区でも13区で予想と結果が完全一致しました。政党別のモデルだったため、独立候補が当選したところではわずかに外しましたが。

為末 でも、ほかはすべて一致。

安宅 はい。全47都道府県のうち、43の道府県で完全一致になりました。光栄なことに、都道府県選挙管理委員会連合会の『月刊選挙』っていう雑誌の論文でも取り上げられたりして。

為末　予測では想定外だった結果もありましたか。

安宅　面白かったのは、東京選挙区で山本太郎氏についての検索が、投票日の直前で爆発的に増えたことです。個人なのに自民党全体よりも注目を浴びたんですね。そのような事象は予想できませんでした。予測は過去のデータに基づいているので、こういった事象はデータからは読めないんです。

200のキーワードから「今現在」の景気が見える

為末　選挙の予測以外でも、ビッグデータからさまざまな分析をされていますよね。

安宅　ええ。景気の「今」を把握する、といったこともやっています。政府が発表するような景気指標は2カ月くらい遅れての数値です。でも、みんなは「今」の景気が良いのか悪いのかを知りたい。それを把握することができないか、トライしてみたんです。

為末　景気把握はどのようにされたんですか。

安宅　インターネットでの検索ワードは、複数の組み合わせも含めて2012年では75億種類ほどあったんですが、毎日一定回数以上検索された60万のキーワードを抽出して、内閣府の景気動向指数の推移との相関をサンプリングとかはしないで、全量調べたんです。

するると、「年収1000万円」といった正に相関するキーワードや、「ろうきん」といった負に相関するキーワードが200ほど浮かび上がってきました。そういうふうに抽出されたキーワードの検索量をもとにモデルを組んでみたんです。

すると、われわれ独自の「今」の景気指数と、内閣府が後日、実際に発表した景気動向指数とが異常なぐらいに一致しました。

為末 それはもう、投資とかに利用するしかありませんね（笑）。

安宅 そんな感じですね（笑）。国からの発表は月ごとですが、私たちは細かく週ごとの景気指数なんかも独自に出しました。すると、年末や大型連休などの人間の気分が上がるときには、指数も上向きになっていました。

こういった予測や現状把握については、データとコンピュータの組み合わせは、人間の力をはるかに超えているんです。異様な一致感を得られるレベルまで定量的に予測することは、人間にはとてもできませんから。

為末 僕のいるスポーツ界でいうと、過去の対戦成績がたくさんある試合だと予測はつきやすそうですが、「メイウェザー対パッキャオ」みたいな初対戦の予測はやりにくいんじゃないですか。

安宅　それはそうだと思いますね。

為末　そうした部分では、人間の持っている不確定なものに対する直感のようなものがやっぱり働くのかなという気もします。

安宅　それはあると思いますね。サンプルの数が少ない状況下での判断力は、生命が備えている本能的な力のひとつだと思います。

為末　逆に言うと、かなりの物事が予想できるように変わっていっちゃう。

安宅　そうですね。訳がわからないけれど予測ではこう出ている、といったことをライブ的に提供することの価値はとても高くなると思います。

未来の戦争では人間の出番はなくなる？

為末　戦争はどうですか。戦争が起きそうというのをデータから予測するというのは。

安宅　その予測はなかなか難しいと思います。人生の予測に近いようなところがあるので。

為末　予測する範囲が大きすぎたり、変数が多すぎたりするということですか。

安宅　そうです。人の心はなかなか読めませんよね。たとえば、生まれた赤ちゃんのＤＮ

Aや家族構成を見ただけで、その赤ちゃんが30年後どうなっているかが読めるかというと、まったく無理な話です。

たぶん、1年後さえ読めないと思います。なぜなら、その個人に振りかかるすべての要因を調べられませんから。仮にその人の外側にあるすべての要因がわかっても、心の中の反応はとても読みづらいものです。

為末　戦争になるともっと複雑になる。

安宅　そうですね。戦争はわかりづらい要因が組み合わさった、集団心理の掛け算みたいなものなので。２個の物体間なら力学法則でどう動くか予測できても、物体が３個や４個になるとたちまち予測できなくなるのと同じです。

為末　意思決定者も民衆も携わるし、人のミスなどもありますもんね。

安宅　そうなんです。ただし、「10分後に射撃し、15分後にとにかくここにこのくらいの量の爆弾を投げて、30秒後にあの方向へ再び射撃してください。そうすればこの拠点を占拠できますから」といったような、状況に限定したシミュレーションは実現する可能性がありえます。それは単なる群衆の動きを対象とするもので、開戦の可能性やタイミングほど難しい判断は要りませんから。

だから、高度な人工知能を積んだ戦闘機と人間が戦っても、勝つのはとても困難になってきます。

為末　なるほど。ロシアの小話で、名人同士のチェスの対戦があって、先手と後手が決まったら、その時点で後手のほうが「参りました」と言う、っていうのがあるそうですが、そんな感じですかね。

安宅　（笑）。はい。相手と戦闘して、2手や3手で「ああ、これはだめだ」となる可能性はありますね。持っている兵力をどう使っても確率的に勝算がないといったことが、高い精度でわかってしまうような。

為末　もはや、人間が出てくる領域ではなくなるような感じもします。

安宅　人間の判断には感情も影響を与えるし、それなりに時間がかかるけれど、それを機械が瞬時に判断するとなると、本当に無慈悲で悲しい戦いになると思います。

為末　人間的な社会が来るのか、それとももっと非人間的な社会が来るのかは、ちょっとよくわからないですね。

安宅　こうした技術は戦争に使われやすいんですよね。インターネットの誕生も、もともとは軍事関連の目的でしたし、ドローンなんかも軍事利用目的から出てきています。でも、戦争にだけは使われないでほしいと思います。虚しくなるだけですから。

戦争が起きそう、
ということを
データから予測する
ことはできますか？

これから先、消えていく仕事、残る仕事

人工知能は村上春樹のような小説を書けるか？

為末　情報通信などの技術がどんどん進んでいると言われますが、具体的に何がどう進んでいるんですか。

安宅　センサがどんどん使われるようになった。それによりビッグデータがじゃんじゃん生まれている。そして、その膨大なデータを計算機が受け止めて、そこに実装された機械学習などの人工知能が処理するといった技術が劇的に高まっている。簡単にいうと、そんな状況だと捉えています。

産業革命のとき、内燃機関が生まれて、人間の肉体労働や手作業が減っていったように、データと計算機、それに人工知能で、人間がしてきた数値処理などの事務的な仕事は消えていく可能性は高いと思っています。

為末　人工知能が最近、金融やスポーツの記事を書くようになったというニュースもありました。

安宅　ありましたね。もう間もなく、がんがん使われていくと思います。人工知能で、長文を要約するサービスもすでに存在しています。

為末　作家のような仕事も人工知能がしていくようになるのかな。

安宅　そこにはもうひとつ段差があって、人工知能から村上春樹さんのような作家が生まれるかというと、生まれにくいと思います。

為末　そういう領域はまたちょっと違うんですね。

安宅　ええ。創作的な領域では、人間がするからこそ、人間の皮膚感覚を生かしてこその価値が残ると思います。でも、そうでない部分は人工知能などの機械が代わりをすることが進んでいくと思います。

産業革命のとき、ローマ時代から2000年かけて2倍くらいにしか上がらなかった生産性が、およそ150~200年かけて突然50~100倍くらい上がったんですね。さらに今後、その生産性がもう一度、飛躍的に上がるんじゃないかと思っています。

コンピュータに身体性を叩き込む

為末　データや人工知能を駆使する場合、実際それに携わる人たちの持つ力が強くなりすぎる可能性もありますか。

安宅　ありえますね。

為末　そうした人たちが、人工知能をコントロールできていればいいけれど……。

安宅　今、まだまったくわからないのは、人工知能が発達したとき、ある種のパーソナリティのようなものが自然に生まれるかどうかということです。もし、パーソナリティが生まれるとなると、厄介なことになります。

ジョニー・デップの『トランセンデンス』という映画は、人間の脳が人工頭脳となって膨大なデータを取り込んでいくというストーリーでした。人工頭脳がパーソナリティのようなものを持つのであれば、そういうことが起きかねません。

為末　コンピュータが人間っぽくなると厄介なことになるというのは、ぼんやり想像できるんですが、具体的にどのあたりが危うくなるんでしょうか。

安宅　コンピュータは目的を与えられると、データが十分にある限り最適解を出します。誰かが倫理的に間違った目的を与えると、その最適解を出そうとします。

そこでコンピュータがパーソナリティのようなものを持っていて、人間のコントロールできない部分で問いを立てることまでしだすと、何をやり始めるかわからないという気持ち悪さはありますね。

為末　やっぱりある種の従順さがあって、素直に計算をしてくれるほうがいい。

安宅　そうですね。「3カ月でこのくらいの体重まで落としたい」と言うと、箸が電気振動で震えて「もうこれ以上、箸を持ってはいけません」と止めてくれるくらいにとどまっていてほしい（笑）。そこに間違った意思が入ると、何が起きるかわからない。

為末　人工知能が自分なりに「でも、この人はこうするほうが魅力的だから」と考えて、それを人にさせようとするとなるとよくない。

安宅　よくないですね。「そんなこと、頼んでないよ」となるわけですから（笑）。

為末　そのあたりの議論はされているんですか。

安宅　私の近くの人の間ではしています。ある知人は、「そういうことになる可能性は低いだろう。顕在化する可能性がちらりと見えるまでは放っておいていいのではと思っている」と言っています。

でも、箱である人工知能は体を持った人間と同じように感じることは絶対ないわけで、だからこそ、もしパーソナリティのようなものが生まれたりすると、それがどうなっていくかは人間に理解できない部分があります。

為末　身体性はないけれど、認識のようなものはある。それがどうなるかは、なかなか想像がつかないんですね。

安宅　はい。人工知能を研究しているある著名な研究者は、「身体性と道徳については、コンピュータに無条件に叩き込んでおく必要がある。そうしないと人間の使う範囲を超えておかしくなるときがどこかでくるんじゃないか」とおっしゃっています。

為末　でも、身体性を叩き込むっていうのも難しそうですね。

安宅　十分な情報を与えないと難しいでしょうね。「こういうふうには体は動かないんだ」といったことを、たくさん叩き込む必要があると思います。温度や湿度によって、人間は気持ちよさを感じたり、耐えられなくなったりする。そういうことを片っ端から入れるわけです。

為末　そういうことも学習できる可能性はありますよね。時計と温度計があって、人間が気持ちいい状態にあるということがデータとしてあがってくると。

安宅　最初は情報を入れてあげないといけませんが、フィードバックをかければ確実に学習しますね。

人間の「賢さ」の本質とは何か

為末　人工知能が発達していった未来、たとえば10年後、僕らの「賢さ」っていうのも今のものとは変わっているんでしょうか。

安宅　10年後ぐらいであれば、社会を生き延びるための基本的なスキルが変わる程度だと思っています。これまで、日本語力、英語力、問題解決力があれば十分でしたが、今後10年ぐらいでは、コンピュータに指示を出して人工知能をうまく利用するような、データリテラシーは必須になると思います。仕事の内容がコンピュータを使い倒すということに変わっていく部分が多いからです。

でも、「賢さ」についていえば、ごく少ないサンプル数から何かを得るというのは、人間の卓越した能力であり、今後も残るはずです。人間のサバイバル本能ですから。それがあるから、先祖の人びとは雷を避け、火事になっても逃げ延びてくることができたわけです。コンピュータは似た事象を5回繰り返し経験しただけで学習するのは難しい。でも人間は5回繰り返す必要はないですから。

為末　過去に何かの経験をすると、似て非なるシチュエーションでも、過去の学習下経験を引っぱり出して対応するっていうことが人間は得意そうですもんね。

安宅　すごく得意ですね。人間は、何千回何万回と細かい学習を日々しているので、それらのアナロジーとして、意味を捉えられるんですよ。ドラマや映画、小説までをひっくるめて、自分の経験にしているから、意味を深く読み取れる。そして、ざっくりと感覚的に意味をとって考える。これはわれわれの強みだと思います。

ミドル層とマネジメント層の仕事があぶない

為末　10年後の、組織マネジメントや教育もあり方が変化しますか。

安宅　いずれも大きく変化すると思います。

為末　組織マネジメントでいうと、作業するような立場の人はいなくなっていくような……。

安宅　管理する立場になっていくと思います。工場のラインでは、昔は機械を人間が手で組んでいましたが、今は機械が行って、人間は問題なく稼働しているかをチェックしています。

為末　それと同じようなことが、オフィスでの仕事にも起きてくるわけですね。

安宅　ええ。事務作業をやっているコンピュータに「大丈夫かな」と言って、軌道修正をかけたり、仕上げの部分をチェックしたり、そうした管理業務的なものになっていく可能性はあります。

でも、やっぱり最後の感性のような部分は人間の仕事のままだと思います。

為末　出てきた設計図を見て、「このカーブはもう少し、滑らかなほうがいいかもな」とか、感じたことをコンピュータに伝えるような。

安宅　そうです。「なんだかよくわからないけれどこう感じる」といったあたりのことは、人間にしかできませんから。

コンピュータはすでに、画像を与えられたら「2匹の犬が走ってます」といったことを判断する画像認識力を持つようになりました。ロゴデザインとかもコンピュータがつくるようなサービスがアメリカでは始まっています。

すると人間は、コンピュータが用意した20や30のデザインのなかから、「これが一番いいので、もっとこうしよう」という仕上げの部分をすることになります。

為末　教育についてはどうですか。

安宅　そんな時代における教育はどうなっているのか、という話ですね。主に3つのスキルを伸ばすことが必要になると思っています。

為末　3つのスキル……。

安宅　はい。まず、情報処理や統計学などの情報科学系の知恵を理解して使う力。データサイエンスとかいいますが、これがまず必要になります。

それと、コンピュータにデータサイエンスを実装し指示をして実行させる、エンジニアリングの力。これも必要です。コンピュータ自体が気を利かせて動き始めることはありませんので（笑）。

でも、それだけだと、ただ好きなことをやるだけの「オタク」になってしまう。そこに、目的なり課題なりを与えられるよう、きちんと問題を設定するための力が必要になると思います。

そうすれば「オタク」でなく、世界を変える、あっと驚かせるといった意思を持った「ギーク」や「ハッカー」が誕生する可能性が出てくると思います。

為末　教育に対する期待みたいなものはありますか。

安宅　全般的な底上げに加えて、専門家をしっかりと養成するような教育を、大学、大学院などで行うことが日本では重要になってくると思います。

日本は90年代まではハイテク王国でしたが、世界でのビッグデータ、データ利活用方面での日本のプレーヤー（スタートアップを含む企業）の存在感は、現在、残念ながらとても薄いです。

ＩＴエンジニアの数はアメリカのみならず、中国、インドにも大きく負けています。理工系の大卒数も、人口が日本の半分以下しかいない韓国に比べて年間10万人以上少ない。そもそも理系の数自体が足りていないんです。

為末　なるほど。それと、大半の大人は、僕も含めてすでに学校を卒業しているわけですが、そういう人たちをどうするか、ということもありますよね。

安宅　その通りですね。日本に数千万人いる、ミドル層やマネジメント層の存在が問題になってきています。「ビッグウェーブが来ている」という時代の興奮が共有されていないという感があるんです。

世の中の課題をチャンスと捉えて、科学やコンピューティングと結びつけて解決していくということを考える人があまりいないんですよね。そう考えない人は、２０２５年頃になると仕事がなくなってしまう。過去の教育を受けた人を再度訓練し直すというのも、教育の大きな課題になると思っています。

為末　そうした層の人たちは、どうすればいいんですかね。

安宅　単純に、学ぶということですね。これまで手で釣りをしていたけれど、これからは釣り竿を持って釣りをするといったように（笑）。人間は学習しますから、思うほど難しいことではないです。

為末　案じるより、実際に釣り竿を使ってみる、ということですね。

安宅　その通りですね。プログラミングの技術までは必要ないけれど、数字にちゃんと触れて、分析的に考えて、その状況が何を意味しているのかといった生々しい感覚を持っているっていうことが大事なんだと思います。

3つのスキルセットが必要となる

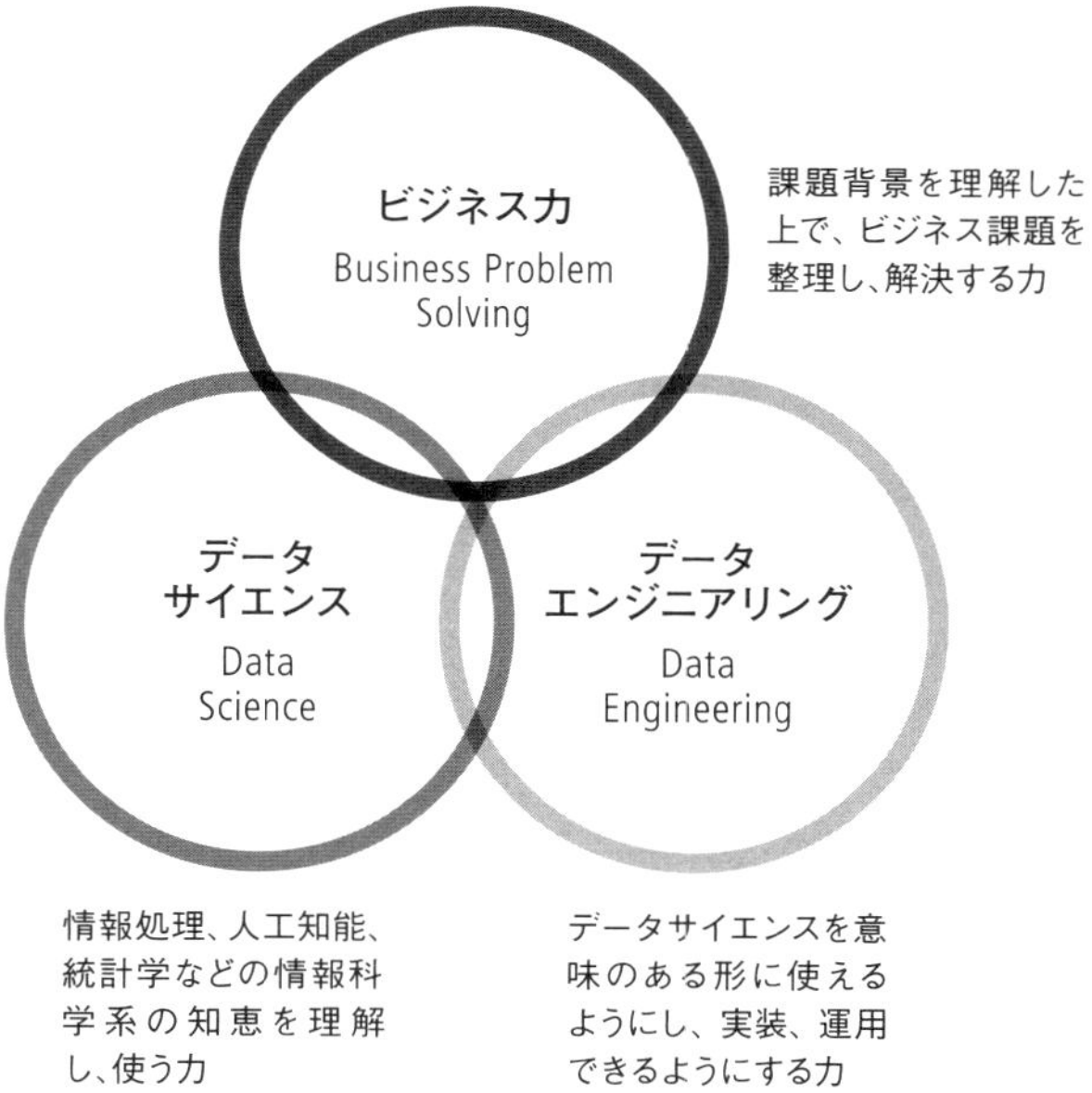
ビジネス力
Business Problem Solving
課題背景を理解した上で、ビジネス課題を整理し、解決する力
データサイエンス
Data Science
情報処理、人工知能、統計学などの情報科学系の知恵を理解し、使う力
データエンジニアリング
Data Engineering
データサイエンスを意味のある形に使えるようにし、実装、運用できるようにする力

一般社団法人データサイエンティスト協会のプレスリリースを基に作成
http://www.datascientist.or.jp/news/2014/pdf/1210.pdf

対談を終えて

コンピュータが人のしてきたことをするという未来の世界を、僕自身は肯定的に捉えています。僕みたいな面倒くさがり屋で、かつ疑問と直感で生きているような人間にとっては、有利な社会になっていくんじゃないかと思います。人間の感性というものが、これからもっと重要になりそうな気がしました。「路面ソムリエ」の話が出てきましたが、僕の「足の裏」の感覚も、そのことを繰り返して考えてきた人だけが持つようなもののひとつなのだと思います。物書きは文章をパッと見た瞬間に違和感を覚えるとか、そういう類いのものなんだろう、と。それぞれの人がこだわってきた部分が、それなりに価値を生み出すような未来になっていくのではないかと思いました。「賢さ」の基準も変わっていくのかもしれません。個別のものを具体的に考えるよりも、全体を見渡して「大事なことはこれなんじゃないか」と見極めるようなことが、より本質的な人としての知性になっていくのでしょう。

矢野和男

日立製作所研究開発グループ技師長

腕時計のようなウエアラブルセンサで
人間の活動の膨大なデータを収集し、
それを人工知能で解析した結果、
個人や組織の行動原理について
意外な事実がわかってきた。
ビッグデータが導き出した
「新たな法則」によって
私たちの日々の仕事や日常生活は
どんなふうに変わっていくのか。

ビッグデータから見えてくる人間の「新たな法則」

矢野和男（やの・かずお）
日立製作所研究開発グループ技師長。1984年、早稲田大学物理修士卒。日立製作所入社。1993年、単一電子メモリの室温動作に世界で初めて成功。2004年から先行してウエアラブル技術とビッグデータ収集・活用で世界を牽引する。論文件数は2500件、特許出願数は350件にのぼる。『ハーバード・ビジネス・レビュー』誌に、「Business Microscope（ビジネス顕微鏡）」が「歴史に残るウエアラブル・デバイス」として紹介された。日立製作所中央研究所主管研究長を経て現職。東京工業大学大学院連携教授、文部科学省情報科学技術委員なども兼任。博士（工学）。著書に『データの見えざる手』（草思社）がある。

人間の直感とコンピュータの直感

辺境の地で見出した「データ」の価値

為末　「ビッグデータ」という言葉は一般的になりましたが、それを使って何ができるのかというところはまだ漠然としている気がします。矢野さんのご著書、『データの見えざる手』（草思社）にはウエアラブルセンサから得られる人の行動データから導き出された「新たな法則」を企業活動などに活用するといったことが書いてあります。おいおいそういうお話も聞いていくとして、まずは矢野さんがビッグデータに関する研究を始めた経緯をお聞かせください。

矢野　私は日立中央研究所に30年勤めてきました。最初の20年は半導体チップの研究をしていたんです。でも、日立が半導体事業から撤退することになって、10年ほど前に新たな研究を仲間と始めることになりました。

当時は、「ビッグデータ」「ウエアラブル」「モノのインターネット（ＩｏＴ）」といった言葉がなかった時代でしたが、私たちは半導体の電池を長持ちさせてコンピュータを長時間動かすような技術を築いていたので、今後は身につけるようなコンピュータが使われていくに違いないと考えたのです。

そこで、今でいうウエアラブルコンピュータのようなものをデバイスとして売るようなビジネスも考えたのですが、そうしたデバイスから生まれるデータのほうにも価値があるのではないかという議論になりました。日立では、保守本流の事業には、優秀な研究者たちがすでにいます。そこに割り込むことはできないと思い、データに携わる研究分野に入っていったわけです。日立のなかでは「辺境の地」といってもいいかもしれませんね。

為末　今最前線の研究をされている人のなかには「辺境出身者」が多いような気がします。

矢野　そうですか。辺境には新しい研究対象もあるので、いつかは成果が出てくる思いで研究を始めたんです。当時は今ほどビッグデータがいろんなところに集まっている状況にはありませんでしたけれどね。

人間が立てる仮説の限界を超えていく

為末　矢野さんが左腕につけているのが「ウエアラブルセンサ」ですね。どんな作業をしていたか、そのときどのくらい集中していたか、といったことがこれにぜんぶ記録されていくんですね。見た感じは腕時計のようですが。

矢野　ええ。もともと小さいコンピュータをつくる技術があったので、腕につけてみようとか、胸のところにつけてみようとか考えて、２００６年にこのウエアラブルセンサをつくりました。それで「誰を測るんだ」という話になり、「じゃあ、私がモルモットになります」と手を挙げました。

測り始めて9年近く経ちましたが、左腕の動きがずっとコンピュータに記録されています。腕につけてから半年後、胸にもウエアラブルセンサをつけました。こちらは人とのコミュニケーションの情報を記録することもできます。

蓄積されたデータから「週末には寝だめしている」とか「朝5時に起きて、必ず15分間は2度寝している」とか、人の生活が見えてくるのが面白いんですよ。原子が集まって複雑な物質の性質を生み出すように、人が集まってさまざまな相互作用を生じさせる。そこから、社会全体の様子まで見えてきます。

為末　そのデータをどのように分析してきたんですか。

矢野　研究の途中から、人間が仮設を立ててデータを見るという手法には限界があると考えるようになりました。人が未加工のデータから仮説を立てて傾向や相関関係を導き出す手法を「データ・マイニング」といいますが、人がやるデータ・マイニングがうまくいっているようには見えなかったんです。それで「どうやってこの技術で儲けるか」を考えた結果、データに含まれるいろいろな概念を自らで抽出するような人工知能を開発するしかないと考えるようになりました。開発した人工知能を「H」と呼んでいます。

休憩時間の過ごし方が受注成績を左右する

為末　ウエアラブルセンサと人工知能の組み合わせによる成果としてどんなものがありますか。

矢野　たとえば、コールセンターで従業員がお客さんから注文を取るとき、成績がよい日とそうでない日で何が違うのかが見えてきました。それは、注文を取るという作業とはまったく異なる、休憩時間での従業員の行動のとり方でした。ほかの従業員と雑談が弾んだかどうかが、その日の従業員の受注成績がよいかどうかに大きく影響を与えていたんです。

為末　隙間時間のほうがより大きな影響を与えていた、と。

矢野　そうです。より制約条件の小さいところで人の行動によい影響を与えると、実は仕事の成績にもよい影響が起きるということが、データをコンピュータが解析することで見えてきました。

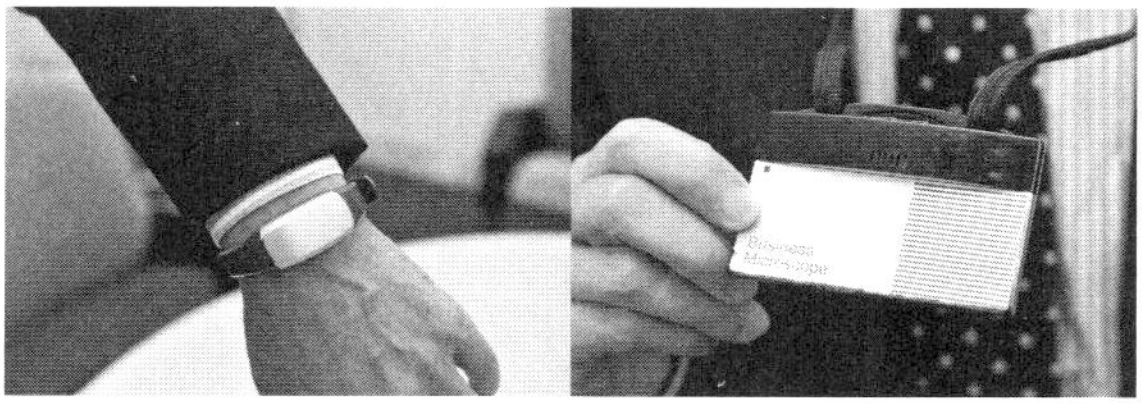

矢野氏が10年近く身につけているウエアラブルセンサ。一秒間に20回、加速度データがコンピュータに蓄積されていく。

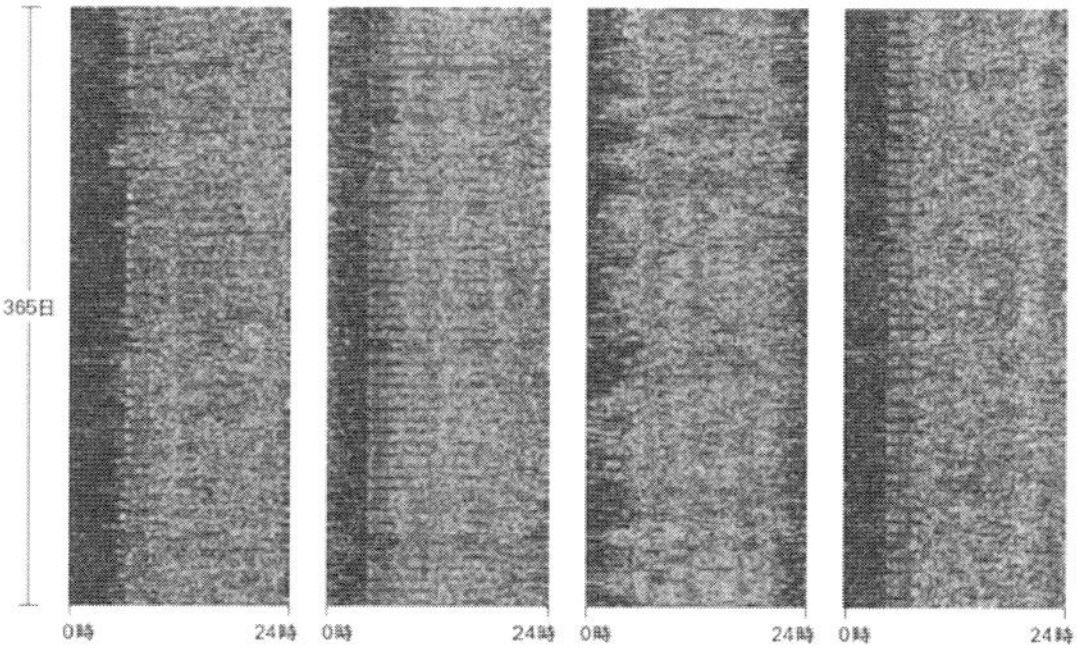

腕時計型のウエアラブルセンサで計測したライフタペストリ。手の動きの活発さを色で表現したもので、活発な動きと静止状態が異なる色で示される。一人一人パターンが違うことがわかる。

（画像提供：矢野和男氏）

為末　いろいろな角度からデータを切ってみて、特徴ある点をあぶりだすようなことが行われるのですか。

矢野　そうです。有益なことを発見しようとするとき難しいのは、マクロな結果がじつはミクロな要素の組み合わせで決まっているという点です。たとえば、ある小売店での1日の売上は、集計をした結果、出てくるのでマクロの量といえます。けれども、その1日の売上に影響を与えうる要素は、お客さんの言動、従業員の対応、時間、場所、品物といったミクロなものになります。

為末　なるほど。

矢野　赤外線センサと人工知能を使うことで見えてきた別の事例もあります。ある小売店で、従業員と顧客が店内を移動する軌跡や方向を動線として計測し、データ解析したところ、従業員は手の空いたとき、「好感度スポット」とでもいえる店舗内の特定の場所にいるとよいということがわかったんです。実際にやってもらうと、そのスポットにいる時間が10秒増えるだけで、顧客の購買金額が145円も増えました。

為末　よくテレビ番組で「バミる（場見る）」といって、「そこに立ってください」という位置にテープが貼られるのですが、そういうポイントを店舗の中につくるだけで、客の購買額が上がるのですか。

矢野　そういうことです。マクロな量を決める要素が数個に限られていれば人間でも計算できるかもしれません。しかし、そこから少しでも要素が増えると組み合わせの計算量は爆発的に増えていきます。それこそ宇宙に存在する原子の数より大きな量になる可能性も出てきます。

これまではそこで人が自分たちの経験をもとに仮説を立てたうえで、コンピュータに解析させていたわけですが、私たちは人の仮説に頼らない方法を確立しようとしてきました。「この要素は捨ててもよい」と、読むデータ量を減らす「枝刈り」という手法を使うことで、現実的な時間のなかでそこそこ網羅的な探索をできるようにしました。

知り合いの知り合いが多いほど有益な情報が入る

為末　最近、『バースト!』（アルバート＝ラズロ・バラバシ著、NHK出版）という本を読んだのですが、情報のやりとりを滞らせるボトルネックとなっている人がメールを送った直後、実際に周囲のいろいろな物事が一気に動きだすといった事例がありました。人の動きをビッグデータで見たとき、「この人がこっちに行くと、一気に流れが生まれる」といったことも見えるんですか。

マクロな結果は
じつはミクロな要素の
組み合わせで
決まっているのです。

矢野　見えます。法人営業をしている組織で、従業員の動きを測ってみました。半年以上にわたって記録したデータを見たところ、その職場にいる限られた何人かが、その周囲の人たちと1日平均何分のコミュニケーションをとるかが、受注が取れるかどうかにほぼ100％影響してくるということがわかってきたのです。

もちろん職場のすべての人が真面目に仕事をしてはいるのですが、やはりキーパーソンが何人かいて、その人たちのコミュニケーションが受注獲得にきわめて重要だったわけです。しかも、長時間でなく、たかだか1日数分のコミュニケーションです。

為末　こういう情報を人事担当の人が握ったら、キーパーソンの争奪戦が起きたりして、すごいことになりそうですね（笑）。役職とは別の「隠れたリーダーシップ」のような存在もあるのでしょうか。

矢野　ありますね。「知り合いの知り合い」を「2ステップ」の関係と定義すると、とりわけ「2ステップ」までの知り合いが多いほど、仕事をするうえで有益で助けになる情報をもたらしてくれる可能性が高くなります。通常の職場では、役職上のリーダーは「2ステップ」でつながっている人数が多くなるものです。でも、たまに、役職上は低い中間管理職のような従業員にもそういう人がいて、組織上の実質的なキーパーソンになっていることがあります。

為末　長年ビッグデータを分析されてきた矢野さんから見ると「人の直感」ってどれくらい正しいものですか。

矢野　人のいろいろな経験からくる直感は、かけがえのない素晴らしいものだと思っています。一方で、ここまで示してきた事例は、コンピュータが自分なりの持っている情報から導き出した、「コンピュータの直感」といえるかもしれません。

為末　そんな感じですね。人の直感とコンピュータの直感がずれていたという事例もありますか。

矢野　ありますよ。先に紹介した店舗での従業員の「好感度スポット」の事例もそのひとつです。面白いことに、人間はある結果が出ると「昔からそう思っていた」と思い込むところがありますね。すぐに切り替えてしまう。

為末　そうですね。データから見えてくるようなことが、人間の「今」の視野に入っていないんですよね。

矢野　リーダーの言うことをなんでも聞くような組織であれば考える必要はありませんが、他者を説得するにはエビデンスがないと難しくなります。そのためにもデータの存在は大切だと思っています。

人の動きのデータから精神状態が読み取れる

これからの「管理能力」として問われること

為末　今、スポーツの世界では「データを戦術に駆使する」ことがかなり行われるようになりました。よく知られているのが、バレーボール全日本女子チーム監督の眞鍋政義さんがロンドン五輪で駆使されていた「データバレー」です。バレーのコートを45分割して、ボールがどこに落ちて、どこから打ってというのを「アナリスト」という分析担当者が書き込んでいきます。

それでわかったことのひとつが、ブロックが2枚そろったときは高さが有効だけれど、1枚ブロックのとき高さはさほど有効ではないということです。そこで、敵のブロックがそろう前にスパイクを打てばよいということになり、選手の速さを磨く方針に切り替えていったそうです。しかも、「ブロックが2枚そろうまでに強豪国では平均1・1秒」といったデータまで算出して、それより早く打てば理論上は高さを無効化できるからその速さを目指したということです。

眞鍋さんには、バレー界で「名監督」と言われるような人たちが直感的に正しいと言ったことが本当に正しいのかを確かめるという視点があったのだと思います。バレー以外の競技スポーツでも、実際にデータを取って、これまで言われてきたことが本当かを検証し、その結果を実際の作戦面に生かすという動きが始まっています。経験豊富な監督でなくても、データを的確に利用すればチームを勝利させることができる時代になってきているのかもしれません。

矢野　なるほど。スポーツに限らず、ここ10年ほどで、電子的な媒体とリアルな実体の組み合わせをうまく使いこなせる人が管理能力の高い人、という時代になってきている気がします。データバレーのような新しい戦術でも、どう駆使したらよいのか試行錯誤した時期がきっとあったのではないでしょうか。

為末　データを駆使しながら戦術を考えるという場合、人にとってどんな能力が重要になるんでしょうね。

矢野　課題を見つける能力だと思います。課題は何か、何が重要かということは、コンピュータにはわからないので、「これを知りたい」「これを頼みたい」ということをきちんとコンピュータに伝えなければなりません。

為末　浮かび上がってきた課題に対処する能力だけ鍛えているのでは、厳しい時代になりそうですね。

「フロー状態」のとき身体は継続的なリズムを刻んでいる

為末　矢野さんが挙げているような研究成果は、スポーツの世界で広く応用できる気がしています。

たとえば、アーチェリーの競技で、選手にウエアラブルセンサを身につけてもらい、行動と結果の関連性を調べることもできそうですよね。矢が狙い通り的に突き刺さるには、選手の動きのどのタイミングを見ればわかるのか、といったことに僕は興味があります。選手の動きにブレが生じるのも、データを取れば何か傾向があるのかもしれません。矢を放つ直前に何らかの揺らぎがあるのかどうか……。

何人かの選手のデータを見せてもらったことはあるんですが、優秀な選手ほどずっと揺らがないか、または勝負どころでは揺らがないという傾向が見られました。もっとたくさんの選手の動きをビッグデータ的に捉えてみると、「勝負強さ」の正体が何であるのかも見えてくるような気がします。

矢野　そうした利用の仕方は、これから伸びてくるかもしれませんね。その気になって継続してデータを蓄積し、それを分析すれば必ずある程度までは見えてくる気がします。

為末　体の揺らぎだけでなく、「心の揺れ」とか「心の安定」のようなものも、ウエアラブルセンサなどのデータに現れるものですか。

矢野　ええ。それについては「フロー」という概念に関して研究をしている事例があります。

為末　フローは、人がある物事に完全に没頭し、集中しているような精神状態のことですよね。

矢野　フローの概念を提唱したのがミハイ・チクセントミハイというハンガリー生まれの心理学者ですが、私は彼と共同研究をしています。

チクセントミハイ先生は、被験者がフロー状態にあるかどうかを把握するため「経験抽出法（ESM）」という手法を開発しました。実験協力者に、1時間30分おきに「あなたはどのぐらい難しいことをやってきたか。どのぐらい力を発揮していたか」ということをアンケートで聞くのです。それでその人がフロー状態におかれていたかをある程度、測ることができます。

同時に被験者には、私どもの開発したウエアラブルセンサも身につけてもらいます。これで、フロー状態になりやすい人には、どのような体の動きの傾向があるかを測りました。その結果、フロー状態になりやすい人には、身体運動の継続性が相当あることがわかりました。

為末　リズムのようなものですか。

矢野　はい。歩くか、それよりも少し遅いぐらいの動きの継続的なリズムが見られました。ランダムに動きの強い弱いがあるというのでなく、動きの一貫性のようなものがはっきりと見られたのです。

為末　動いている人の脳を計測するのは難しいですよね。ウエアラブルセンサなどによって体のほうを計測すると、比較的データを取りやすいわけですね。

矢野　ええ。チクセントミハイ先生も、昔は脳や脳波の計測をされていましたが、それは難しいということになり、行動のほうにより重点を置かれるようになったと聞いています。

集中力の高い人は週末に寝だめしない？

為末　僕らの競技スポーツの世界でよく指導者が言うのは「スポーツ選手は試合の現場だけでなく日常の過ごし方が大事なんだ」ということです。でも、具体的に日常の何が大事なのかについてまではほとんど言わない。僕自身そう言われることがあまり好きではありませんでした。

たくさんの選手の動きを
ビッグデータ的に
捉えてみると、
勝負強さの正体が見えて
くるような気がします。

「日常的にこういう生活を送っている選手は、将来プロ級に成就する」といったことも、データを取れば見えてくるのでしょうか？

矢野　それはありうると思います。これは、スポーツ選手ではなくビジネスマンが対象でしたが、今の「フロー」の計測などども含むデータを集めて分析した結果、仕事中に集中度が高い人の特徴は見えてきました。

為末　どんな特徴ですか。

矢野　平日と週末での睡眠時間の差が小さいことです。

為末　つまり、土日寝だめするような人は集中力が低いと(笑)。

矢野　ええ。やはり人間の活動は約24時間サイクルでできているもので、週末だけ特別なことをやるというのはリズムを崩すことにつながるわけです。

為末　なるほど。イチローさんが毎日カレーを食べるというのも、ルーティン化をするという点で、効果を出している可能性があるかもしれないですね。

モチベーションを疑ってみる

為末　競技スポーツでは、昔から「内発的モチベーション」と「外発的モチベーション」

があると言われてきました。でも、その境目は、じつははっきりしていないのではないかという気もしています。ラーメンの匂いを嗅いで、食べたいなと思ったとき「お腹がすいていたのでラーメンを食べたいと思った」のか、「ラーメンの匂いにお腹がすかされた」のかがわからない。これと似たことがモチベーションについても言える気がします。本当に自発的なモチベーションとは何なのだろうか、と。

矢野　本のなかにも書いたことですが、人の行動を「1／Tの法則」というものが支配していることがデータ分析でわかってきました。簡単に言うと、「最後に人が行動をとった時点から時間が経てば経つほど、再び行動をとるのが難しくなる」ということです。人と会うのでも電子メールをするのにも当てはまります。

こうした法則に人の行動がきれいに乗っかっていることを考えると、その背後に自発的なモチベーションというものがあるのかというのは怪しくなりますよね。

為末　そうですね。むしろ習慣づけができる人のほうが本当は強い気がします。オリンピックに出るような選手たちも、人が思うほど努力に長けているわけではないのです。その代わり、習慣化するのはうまいという感じがします。モチベーションが高い・低いに関係なく、やり始めればとにかくやる。頑張り屋でなくても、頑張るように自分をもっていくためのテクニックを知っているということですね。

機械と人間がつくるハイブリッドな関係とは？

「ミクロな科学」でその場だけの法則性を見出す

為末　２０２５年ぐらいまでに、矢野さんの研究分野はどの程度まで進んでいて、どんなことが見えてきていると思われますか。

矢野　これまで、われわれ人間は固定的な法則のようなものを重視して、その法則に皆で従うことをしてきたわけです。でも、こうしたウエアラブルセンサがあって、リアルタイムに分析できるインフラが整備されれば、そういう法則性のようなものを自分たちで見出すようになるかもしれませんね。一般的な解でなく、個別な解を常に更新していくわけです。

そのためには、知りたい課題や、知るためのデータをどんどん入力していくことが必要になります。私としては、知識を必要としている人と知識をつくる人がもっと小さなサイクルで回るような社会の仕組みをつくっていければと思っています。ある種の「ミクロな科学」が駆使されるような……。

為末　これまでは、情報を収集してから解析するのにも何年かかかって、「どうもこれは正しいらしい」という結論が見えてきた頃には時代が変わっていたということは、どんな分野でも見られた気がします。でも、これからは、日々ずっとデータを入力しながら今年は今年の、来年は来年の法則を見出すという感じになるのでしょうか。

矢野　そういう感じになると思います。たとえば医療の世界でも、今はまだひとつの治療法が確立されるまでの期間が長いですよね。技術によってもっと短期間になる可能性は出てくるでしょうし、そうなれば革新的なことも起きる気がします。医療に限らず、組織のあり方などについても同じだと思います。

人間が行動を決める責任者でなければならない

為末　具体的に向こう10年くらいで、この分野の研究が「こんなふうに人の生活を変えている」というイメージはありますか。

矢野　「今日のためのアドバイス」のようなサービスを皆さんが活用されているかもしれません。今私たちは毎朝通勤前に携帯電話やスマートフォンを開くのが当然のようになっています。そこで朝、「今日は新しいお友だちをつくってみてください」といったアドバイスが、その人に向けて示されるサービスなどは出てくるかもしれませんね。

為末　占いみたいですね。でも、ビッグデータから導き出されたものだから、根拠はある(笑)。

矢野　「今日はこれをするのが確率的にふさわしい」ということがわかるようなイメージです。「こういう条件のとき、これを行う人と行わない人では、これだけの有意差がある」といった根拠を示すわけです。

為末　面白いですね。なんだか儲かりそうなにおいがします(笑)。

為末　新しい技術を考えると、ネガティブなほうに転ぶという可能性についても考えておかなければならないと思います。

矢野　ビッグデータについても、ウエアラブルセンサについても、ジョージ・オーウェルの『1984年』に登場した独裁者「ビッグ・ブラザー」による監視社会のようなものにつながるのではないか、という話はよく聞きますね。

為末　先ほどの「根拠ある占い」にしても、多数の人がそれを信じるようになったら人間がある種のシステムの一部になってしまうような感じがします。「今日はこれをするとよい」といったアドバイスを根拠を持って出されると、それに従ったほうが楽だし、それに従おうとする人は多い気がします。

矢野　そうですね。私は、ウエアラブルセンサのデータから自分用のアドバイスが出る仕組み「ライフシグナルズ」を開発してすでに5年活用しています。はじめのうちは「アドバイスが出ても、最後に決めるのは自分だ」という態度をとっていました。ところがこの仕組みを2年、3年と使ううち、慣れてきたこともあるのでしょう、疑わずにデータの言うことに従うようになってきました。データとの関係も時間とともに変わるものだと思っています。

為末　ご著書の『データの見えざる手』には、人が活動するためのエネルギーの「予算」を使い尽くすと、それ以上の活動ができなくなるか、やりたくなくなると推測されると書かれていますよね。たとえば、そういったデータの結果に従うということですか。

矢野　ええ。でも、人間の人生や日々の生活には、選択肢がいっぱいあります。最後は自分が決めないと何も起きないわけです。それと同時に、どっちが良いとか悪いとかということは、そんなに単純にわかるものでもないというのが、これまでの私の実感です。

すべてコンピュータの言ったことに事細かく従うようになるのであれば、人間が機械の一部に組み込まれるような社会を想像してしまいますが、実際はそこまでは行かないと思うんですよね。「今日は為末さんと会うから、そのときこうしてみよう」と、意思を持って決定するのはやはり人間である私です。最終的に結果としての責任を取るのも人間です。

今後は、機械が得意なことと、人間がやるべきことの選別がもっとはっきりしてくるのではないでしょうか。何を課題としていて解きたいのか。それを設定するのはやはり人間でしかありません。「登山者」としての人間が、「シェルパ」としてのコンピュータの言うことを参考にしながらも、最終的には自分で責任を取るといった形になるのではないかと思います。

為末　チェス王者のガルリ・カスパロフも、「ハイブリッドな手法」を提唱していました。記憶などの部分はコンピュータに頼るけれど、「なんとなくこういう感じがよいのではないか」という直感的な部分は人間が行い、その合わせ技が発揮されるような関係性を保つのがよいというわけです。

人間の持つべき能力が変わる

為末　ビッグデータを人工知能が解析する技術がそろってきたとき、今までとは違うスキルを持っている人が重要視されていくんでしょうね。どういう能力が必要になってくるでしょうか。

矢野　これは現代でも言えることかもしれませんが、人間とコンピュータでは得意とするところが違いますので、その違いをわかっていることが重要です。

データが入っていない領域に対して、コンピュータは何も言ってくれません。その領域は、やはり人間が切り開く必要があります。ある種の直感や、過去のいろいろな経験はそこでは役立つと思います。

一方で、コンピュータがデータをたくさん持てば、出てきた結果はある程度、根拠があるものとして解釈すべきことになると思います。そういう見識を持つことも、重要な能力になるのだと思います。

為末 アシスタントのように使いこなす能力を持つことが大事になるわけですね。

対談を終えて

人間は、直感的に「こうではないか」と思って抱く認識と、「データ的にはこうである」という事実の間にズレがあるのかないのかを確かめてみたいという根源的な欲求がどこかにあるように思います。これまでは、それを「達人」と呼ばれるような人物に尋ねていたわけですが、その答えをデータが出してくれるようになった。これはすごいことです。

ウサイン・ボルトのような、飛び抜けて力のある選手の動作をデータにとって解析しても、ほかの選手はなかなかまねをすることができないし、まねしても同じ成果は出ません。でも、ボルトほどではないけれど、好成績を出す選手30人ぐらいの動作をデータにとって解析すれば、応用可能な部分は多くあるものです。スポーツの世界でのデータ活用の可能性も改めて感じました。

『データの見えざる手』を読むと自然現象におけるエネルギー保存則のようなものが、人間の行動にも当てはまることがわかります。人間が1日に使えるエネルギーの総量とその配分の仕方は法則により制限されていることがデータ解析でわかってきたのです。

日本のスポーツ界には「気持ち次第でパフォーマンスは無限大になる」といっ

たことが言われてきましたが、この法則からすると、根性論でやると選手の体は破綻してしまうということになります。意欲によって多少は増減するとは思いますが、リソースには限界があるということを前提に作戦を練る必要があるということを改めて実感しました。

為末大の未来対談 03

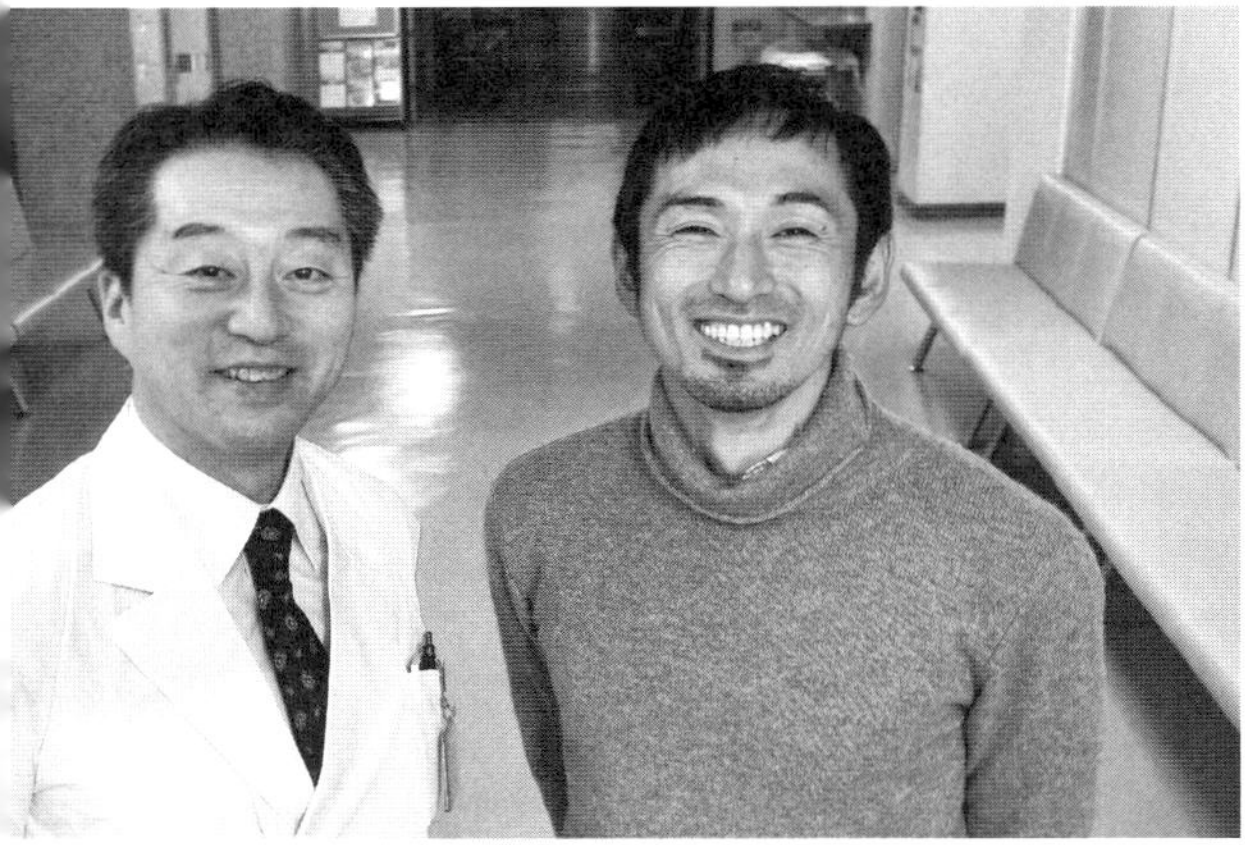

新井康通

慶應義塾大学医学部百寿総合研究センター専任講師

日本では100歳以上の「百寿者」は
すでに6万人を超えており、
110歳を超える「超百寿者」も
人口150万人に1人の割合で存在する。
いわば「長寿のスーパーエリート」である
彼らの共通点とは何か。
活力のある超高齢社会を
実現するために、私たちに
迫られている価値観のシフトとは。

「人生100年」時代の幸せのかたち

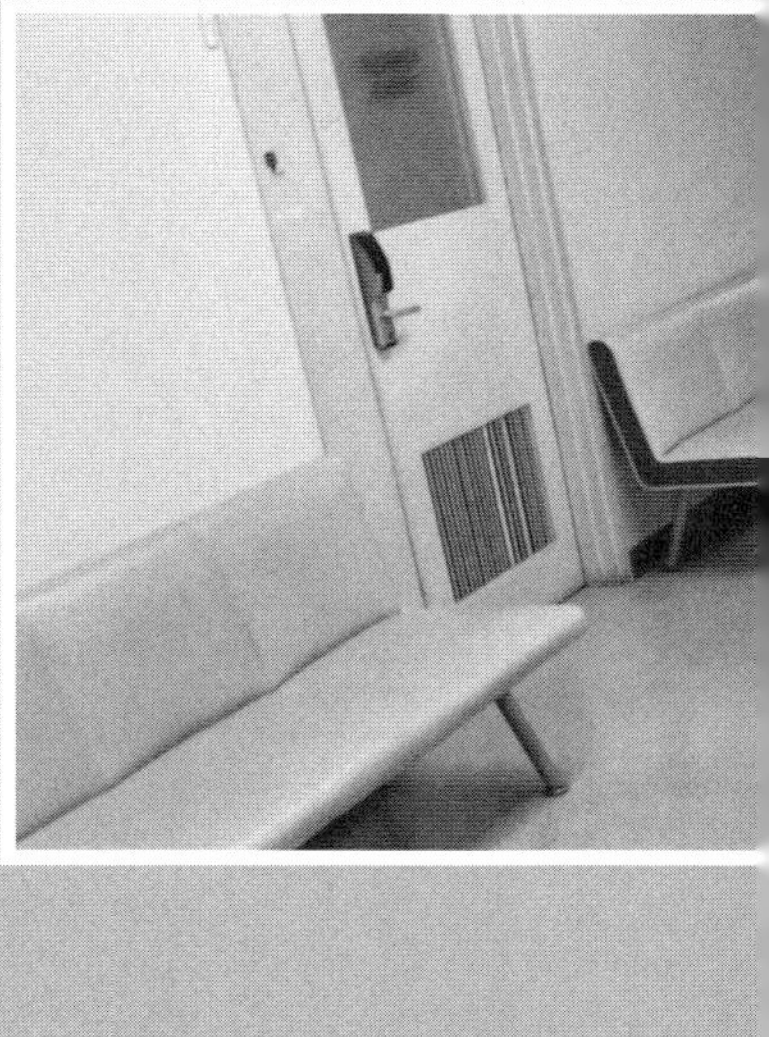

新井康通（あらい・やすみち）
慶應義塾大学医学部百寿総合研究センター、総合診療科専任講師。慶應義塾大学医学部助教を経て、2014年より現職。内科学一般、統合栄養科学などを研究対象としつつ、100歳以上の高齢者を意味する「百寿者」の研究を、同大学老年内科診療科部長だった広瀬信義氏（現・百寿総合研究センター特別招聘教授）とともに行う。長寿遺伝子や長寿をもたらすとされるホルモン「アディポネクチン」などの基礎的な研究から、百寿者への聞き取り調査まで、幅広く長寿を研究する。日本内科学会認定医・総合内科専門医。日本老年医学会認定老年病専門医。日本動脈硬化学会認定動脈硬化専門医。

1990年代前半までは100歳以上は珍しかった

百寿者には糖尿病が圧倒的に少ない

為末　「長生きする」ということについて新井先生が興味を持つようになったのは、何がきっかけだったんですか。

新井　私は内科医出身ですが、内科では普通、心臓とか消化器とか、具体的な臓器や器官を対象に研究するんですね。でも自分自身、「心臓のスペシャリスト」というようなタイプではないな、と思っていたんです。

　もっと人間全体を対象に研究できないかな、と。すると小児科か長寿研究のどちらかになるんですが、20年くらい前の日本では、高齢社会突入は確実視されていたのに、長寿研究をする人はまだあまりいませんでした。そこで「新たなことに挑んでみよう」と思ったんです。

為末　ニッチな分野に入っていかれたんですね。

新井　そうですね。同じ慶應義塾大学医学部で、2014年に退職された広瀬信義先生（現・

特別招聘教授）と研究をしてきましたが、最初はマイナーで周囲から「君たち１００歳の人を調べてどうするの？」と言われたりしましたね。

１９９０年代はじめの段階では、まだ〝きんさん・ぎんさん〟が「１００歳」ということで、珍しがられていたような状況でしたから。

為末　その後、１００歳以上の方は増えていったんですね。実際に研究をされてきて、「百寿者のこのあたりが特徴なのでは」と、わかってきたことはありますか。生活習慣とか遺伝子とか。

新井　「これだけが要因だ」というものはないんです。

確かに、遺伝という要因は大きいとは思います。たとえば、ぎんさんの娘さんたちもお元気で、あの一家は長寿の家系なんだろうとは思います。でも、両親も兄弟も早く亡くして、１人だけ１００歳まで生きているという方もいます。だから、遺伝がすべてということではないだろう、と。

為末　なるほど。ほかの要因で注目されていることは？

新井　病気関連で２つあります。百寿者たちの間では、糖尿病の方が圧倒的に少ないんです。それと、動脈硬化の方も少ないですね。

為末　へえ。

100歳以上高齢者数の年次推移

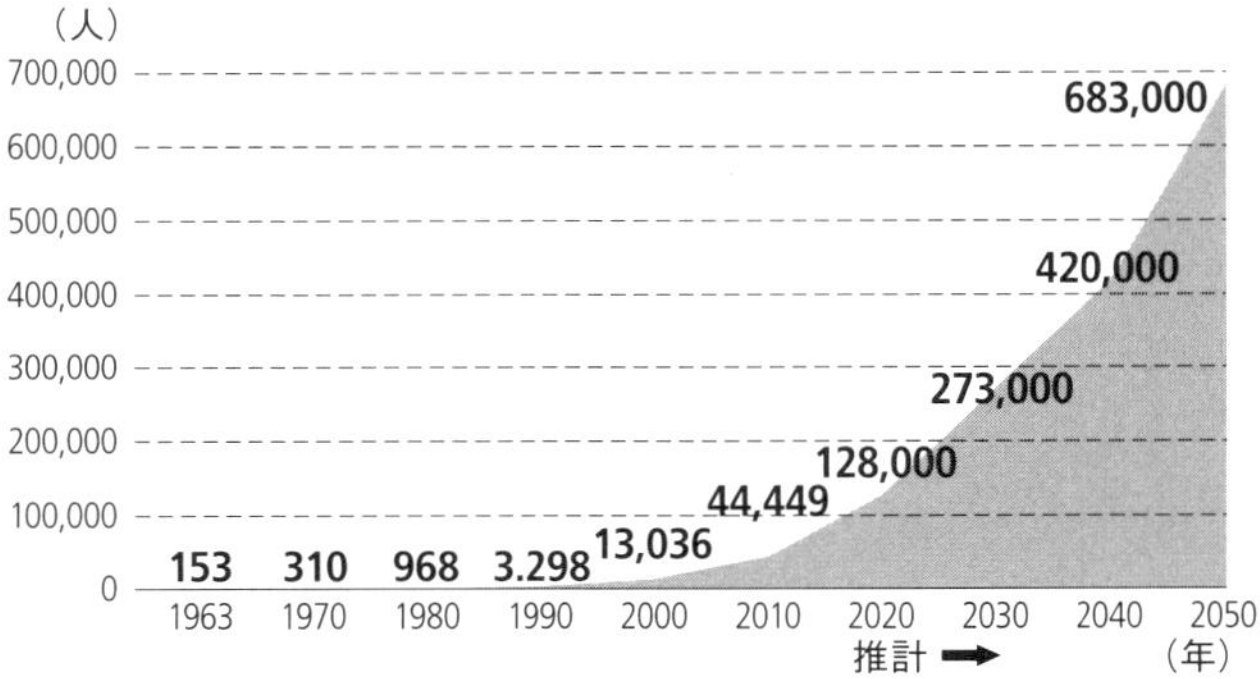

出典：住民基本台帳による都道府県からの報告（～2010）、
国立社会保障・人口問題研究所「日本の将来人口推計」（2006）（2020～）

新井　１００歳を超えれば、「まったく病気を持っていない」という人はむしろ少ないほうで、高血圧や骨粗鬆症の人は多い。けれども、糖尿病や動脈硬化については、とても少ないんです。

長寿ホルモン「アディポネクチン」に着目

為末　そこには、共通の原因物質か何かがあるんですか。

新井　ええ。私たちは「アディポネクチン」という体内のホルモンに注目しています。日本で発見されたホルモンで、脂肪組織から分泌されるホルモンのなかでは唯一、体にプラスの働きをするんです。

為末　プラスの働きというのは？

新井　インスリンの効きをよくしたり、動脈硬化での炎症反応を抑えてくれたりといったことです。インスリンの効きがよいと高血糖を防いでくれます。それに動脈硬化では、異物をやっつけるための炎症反応が起きるのですが、その炎症を抑えてくれるんです。

為末　どうしてアディポネクチンに注目されるようになったのですか。

新井　糖尿病を防ぐような働きがあって、かつ動脈硬化も抑えるような物質とはどんなものだろうと探っていくと、アディポネクチンにたどり着いたんです。長寿の方々の体内のアディポネクチンの量を測定してみると、やはり多い傾向にあることがわかってきました。

長生きするには、タバコを吸わないといった、危険因子をなくすことも大事だけれど、体の状態が悪くなるのを防いでくれる防御因子の存在も大事なんだろうと思っています。

為末　体内のアディポネクチンの量を増やす方法はあるんですか。

新井　太っている人は「痩せる」ということですね。不思議なことに、内臓脂肪が減るとアディポネクチンの分泌量が増えるんです。

ただし、80歳や90歳の方が痩せると、筋肉がなくなってしまうことにつながりますので、ご高齢者に「痩せましょう」とはあまり言わないようにしています。

為末　アディポネクチンが長寿のための鍵というわけですね。

新井　そうはいっても、人間の体というのは単純ではないんですね。百寿者のアディポネクチンの量は平均してみれば多いけれど、なかには量の少ない百寿者もいます。
アディポネクチンが多いということは、内臓脂肪が少ないわけだし、そもそもライフスタイルがよいということも関係しているのかもしれませんね。

性格や学歴も寿命と関係がある

為末　性格的な特徴が長寿に関係しているということもあったりするんですか。
新井　あると思います。私たちのチームには心理学の研究者も入っていて、百寿者の性格分析などもしています。性格は5つに分類することができて……。
為末　あ、知ってます。「ビッグファイブ」ですよね。「神経症傾向」「外向性」「開放性」「協調性」「誠実性」でしたっけ。
新井　そう、それです。そのうち、「誠実性」が高い人たちに長生きの傾向があるということがわかってきました。要するに、「決めたことをきちんと守る」という性格の人が長生きしやすいということです。
為末　そうなんですね。なんとなく、生真面目すぎると気苦労が多くて早死にしてしまいそうなイメージもあるんですが。

新井 気苦労が多い生真面目さはどちらかというと「神経症傾向」に含まれる特徴ですね。神経症傾向はあまり百寿者に特徴的ではないんです。「誠実性」のほうは、たとえば「毎朝30分の散歩が体によい」と心得ていて、それをずっと続けるような性格のことです。

為末 なるほど。自分自身への約束も守り抜くといった感じですね。ほかの「ビッグファイブ」の要素で長寿に関係するものはありますか。

新井 「開放性」も、百寿者の間では高い傾向が見られますね。新しいことが好きでチャレンジ精神が高いということです。やったことのないゲームをお孫さんとやるのが好きだとか。

為末 外に出て、新しいものを求めたり、人に出会ったりということも「開放性」に含まれますか。

新井 ええ。たとえば、コミュニティへの積極的参加といったことです。ただし、デイサービスなどの「高齢者」枠でくくっているコミュニティより、小学生の通学を見守るボランティアとか、社会で真に貢献していることを実感できるもののほうがいいんだろうという気がします。

為末 身体のほかに性格の面も長寿には重要というわけですね。

新井 そうです。ただし言えるのは、遺伝、病気の有無、性格などを個々に捉えても長寿の要因は結局、わからないということです。複数の要因が重なってこそ百寿者になれるんじゃないかと考えています。

為末　若いとき、どのように過ごしたかということも重要なんでしょうね。

新井　ええ。若い頃の特徴が１００歳にまで効いてくるという点では、「学歴」があります。１００年ほど前だと、今でいう小学校には皆さん通っていたけれど、中学校への進学率は５割にも届かず、高等教育機関まで進む人はほとんどいませんでした。今の１００歳以上の人たちを調べると、中学校、高校、大学に進んでいる人の率が高いんです。

１１０歳超えはオリンピックよりも狭き門

為末　80歳ぐらいを超えると１１０歳ぐらいまで「みんな長生き」のようについ、くくってしまうんですが、１００歳あたりまでと１０５歳を超えてからでは、違いがあるみたいですね。

新井　そうですね。大きく違うのは「元気度」です。研究者は「ＡＤＬ（日常生活動作能力）」と呼んでいます。日常生活で自立していることを指します。

為末　食器を洗うのを自分でできるとか、そんな感じですか。

介護を受けたりして、
いろいろなことが
不自由になるけれど、
百寿者の幸せの度合いは
高いんです。

新井　そうです。着替えを自分でできたりとか。２０００年から東京都健康長寿医療センターと共同で研究していますが、１００歳の時点でそういう自立ができている人は２割ぐらいいました。それで、１０５歳、さらに１１０歳まで生きるような方は、その２割の中から出てくることが多いんですね。

為末　１１０歳まで生きる人はどのくらいいるんですか。

新井　共同研究開始当初は、１００歳の人が１０００人いるとすると１１０歳まで生きる人は４人ぐらいでした。

為末　「スーパーアスリート」並みの率ですね。だいたいオリンピックでのマイナー競技に出場できる選手の確率はそのぐらいなんです。

新井　２０１０年の国勢調査で１００歳以上の方は約4万7０００人。うち１１０歳の方は78人でした。１０００人中1・６人という計算ですね。１つの都道府県に１人か２人ぐらいとなります（２０１５年の厚生労働省調査によると１００歳以上人口は6万１５６８人。初めて6万人を突破した）。

為末　それはもう、オリンピック選手より少ない。まさに「選ばれし人」ですね。

「老年的超越」の境地とは

為末　百寿者の方々は、若いときから「長生きしたい」「長生きするぞ」と思って過ごしているものでしょうか。

新井　100歳以上の百寿者たちやご家族に聞き取り調査をしていますが、そういう方はほぼいないと思いますね。「どんなことをして長生きされたんですか」と聞いても「まったくそんなこと考えなかった」という方がほとんどです。好きなことをして家族と楽しんで日々を送ってきたら100歳を超えていたということなんだと思います。

為末　100歳まで生きちゃった、という感覚ですか。

新井　そうです。とても自然体なんです。

為末　そうすると、さらなる疑問として「何歳ぐらいで寿命を迎えるのが最も幸せな一生なのか」という問いが浮かんできます。

新井　それは面白いテーマだと思います。長寿研究でも「モラール・スケール」という尺度の質問票を使って、幸福感、生き甲斐、バイタリティといったQOL（生活の質）の指標を測ったりします。

為末　「あなたは去年と同じように元気だと思いますか」とか「今の生活に満足していま

PGC（Philadelphia Geriatric Center）モラール・スケール

質問——あなたの現在のお気持ちについて伺います

1	あなたの人生は、年をとるにつれてだんだん悪くなってゆくと思いますか そう思う　0点　／　そうは思わない　1点
2	あなたは去年と同じように元気だと思いますか はい　1点　／　いいえ　0点
3	さびしいと感じることがありますか ない　1点　／　あまりない　1点　／　始終感じる　0点
4	最近になって小さなことを気にするようになったと思いますか はい　0点　／　いいえ　1点
5	家族や親戚、友人との行き来に満足していますか 満足している　1点　／　もっと会いたい　0点
6	あなたは、年をとって前よりも役に立たなくなったと思いますか そう思う　0点　／　そうは思わない　1点
7	心配だったり、気になったりして、眠れないことがありますか ある　0点　／　ない　1点
8	年をとるということは、若い時に考えていたよりも、良いことだと思いますか よい　1点　／　同じ　0点　／　悪い　0点
9	生きていても仕方がないと思うことがありますか ある　0点　／　あまりない　1点　／　ない　1点
10	あなたは、若い時と同じように幸福だと思いますか はい　1点　／　いいえ　0点
11	悲しいことがたくさんあると感じますか はい　0点　／　いいえ　1点
12	あなたには心配なことがたくさんありますか はい　0点　／　いいえ　1点
13	前よりも腹をたてる回数が多くなったと思いますか はい　0点　／　いいえ　1点
14	生きることが大変厳しいと思いますか はい　0点　／　いいえ　1点
15	今の生活に満足していますか はい　1点　／　いいえ　0点
16	物事をいつも深刻に考えるほうですか はい　0点　／　いいえ　1点
17	あなたは心配ごとがあると、すぐにおろおろするほうですか はい　0点　／　いいえ　1点

高得点ほどQOL（モラール）が高いと判断される。
17点満点で、高齢者の参考基準値は8～15点

出典：古谷野亘「QOLなどを測定するための測度（2）．「老年精神医学雑誌」1996；7:431－441

すか」といったことを聞くんですね。

新井　ええ。それで、調べると、やはり年齢とともに得点は下がっていきます。いろいろなことができなくなってきますから。自立した日常生活を送れる能力であるＡＤＬが落ちてきたり。

ところが、百寿者のモラール・スケールの得点は、年齢の割に高いんです。つまり百寿者たちの幸福度は高い。介護を受けたりして、いろいろなことが不自由になるけれど、それでも幸せの度合いは高いんです。

為末　うーん、それはどう解釈すればいいんですか。

新井　医学というより心理学の話になってきますが、百寿者たちは「老年的超越」という境地に達していると考えられます。

理想の姿に拘泥せず、現状に適応する

為末　老年的超越、ですか。

新井　ええ。これは一緒に研究を行っている心理学の先生（東京都健康長寿医療センター研究所研究員の増井幸恵さん）が教えてくれた言葉です。

現実の生活では自分にもいろいろできないことが増えてくるけれど、目を閉じればご先祖様の顔が浮かんでくる。瓦屋根を見上げていると昔の幸せな頃を思い出す。そんなふうに、たとえ歩けなくなったとしても、心はいろいろなところとつながっているわけです。

寝たきりのご高齢者を見ると、私たちでも、つい「この人には、何か楽しいことはあるんだろうか」と思ってしまいます。でも、本人にしてみるとその生活は苦ではなかったりするんですよね。

為末　それはどうなんでしょう。自分の活動に対する期待の度合いが下がったからともとれるし、そういう状況を受け入れることができたからともとれるし。

新井　そうですね、私は「適応」の一種なんだと思っています。確かに、昨日よりも今日のほうが状態が悪くなる。できないことも増えていく。１００歳を超えれば友だちもほとんど亡くなり、場合によってはお子さんも亡くしている。嫌なことばかり増えていくと気持ちは沈む……。

けれども、どこかでそういう状態に折り合いをつけてそれを受容している。その過程を経ることで、幸せに長生きできるようになるという部分もあるんだと思います。

為末　なるほど。「これこそが自分の理想の姿だ」というイメージをあまりに強く持ち続けていると、状態はそこから離れていくばかりですもんね。だから、その都度、理想を変えたり、時には理想を捨てたりしながら現状を受け入れていく。その作業が上手になると、幸福度は高くなるような気がしますね。

新井　ルービンシュタインというアメリカの著名なピアニストの話ですが、彼は89歳のときにカーネギーホールで引退リサイタルをし、95歳で亡くなられています。彼は若い頃は速弾きの技巧派として名声を得ましたが、高齢になって演奏でミスタッチが増えるようになると速弾きを目標としないで、以前よりも練習に時間をかけるようになったといわれています。

さらにルービンシュタインは練習をしてもカバーできないことを悟ると、演奏曲のレパートリーを少なくして演奏するようにしたそうです。そのようにして生涯現役ピアニストを続けました。自分のできる範囲でやれることを考えるという意味での適応を、とても上手になさっている事例だと思います。

恨みは水に流して、日々を楽しく

為末　きっと、そうして自分の状態を受け入れていった先に「老年的超越」の境地があるんでしょうね。でも、どうやって、その境地までたどり着くのか……。

新井　いかにストレスを克服するかということが大事なんだと思います。百寿者の方々に「どんなことが一番大変でしたか」と尋ねると、「（1923年の）関東大震災のときだった」とお答えになります。太平洋戦争のときはすでに40歳代や50歳代になっていて、兵役を経験されていない方も多くいらっしゃいます。

為末　すごいですね。

新井　そうした時代に経験した苦難を覚えていて、「あの時代を思えばなんともない」とおっしゃいます。それに、肉親の方を亡くした苦しみなども乗り越えてきたわけです。

為末　そうした苦しみを受け入れるというのは、仏教の諸行無常観に近いような気もしますね。宗教と寿命の関係も調べられているんですか。

新井　「信仰を持っていますか」というアンケートは存在します。われわれが調査したのではありませんが、一般的には信仰を持っている人のほうが長寿になる傾向があるとはいわれています。

為末　宗教ではありませんが、「信じる」という意味で「プラセボ効果」について現役時代から興味があるんです。あるコーチは、どう考えても根拠のなさそうなことを選手に言い聞かせて、選手もそれを信じていると、不思議と好成績が出ることもありました。人間の思い込みが寿命に影響をするといったことはあるんですか。

新井　そうですね、たとえばある方は70歳ぐらいのときに「りんごを食べると体にいい」という話を聞いて、それを信じて毎日のようにりんごを食べ続けながら百寿者になりました。

為末　りんごが長寿につながるっていう根拠はあるんですか。

新井　ないですね（笑）。それでも信じて食べ続けて、１００歳を迎えたということです。

為末　生活習慣、信じること、それに社会とつながっていることなどがうまく組み合わさったところに、長寿になることの秘訣がありそうな気がします。１００歳を超えた方々が楽しみにしていることと、後悔していることには、どんなことがありそうですか。

新井　きっと後悔していることはあまりないですね。たぶん忘れているから。

為末　ああ、なるほど！

新井　特に嫌なことは忘れる。「恩は石に刻め。恨みは水に流せ」という言葉を大切にしている長寿者の方がいましたよ。

為末　楽しみのほうはどうですか。

新井　もちろん、お孫さんがたまの休日に来るといったことがあれば当然、楽しいでしょう。けれども、毎回のお食事にしたって、楽しみにしている方はいますよね。つまり、日常生活のなかでのことを楽しみにしているということだと思います。

為末　日々、感情の機微みたいなものがあって、そうしたことも楽しみにしてということですかね。

新井　そういうことだと思います。

いつまでも社会に貢献できるライフスタイルを

平均寿命はこれからも延びていく

為末　これからは医療もさらに進歩していくと思います。となると、人間の平均寿命はさらに延びていくんでしょうか。

新井　ええ。ここ150年ほどの平均寿命のトレンドを見ると、若干なだらかになってきているものの、ほぼ一直線上に延びてきました。日本人の女性の平均寿命は、今後90歳まで到達するだろうといわれています。

為末　人間としての寿命の限界を突破する人が次々と現れるというよりも、以前なら70歳や80歳で寿命を迎えていた人たちがもっと長生きできるようになって、それで平均寿命が

生活習慣、信じること、社会と
つながっていることなどが
うまく組み合わさったところに、
長寿になることの秘訣が
ありそうな気がします。

延びていくといった感じですね。

新井　おっしゃる通りだと思います。統計学的なトレンドとは別に、生物としての限界があると考えられています。

世界一長生きした人はフランス人のジャンヌ・カルマンさんという女性で、１２２歳まで生きました。その方が亡くなったのは１９９７年。それから20年近く「１２２歳」という記録は破られていません。１２０歳という年齢を超えたのも、これまで彼女１人だけです。そのあたりが限界寿命だとすれば、平均寿命も将来どこかで頭打ちになるはずです。

為末　やはりそうですか。

新井　２０１４年にフランスの研究チームが、「Life-span Trends in Olympians and Supercentenarians（オリンピック選手と超百寿者の寿命トレンド）」という論文を発表しました。

超百寿者とは、ここでは１１０歳まで生きた人のことです。また、オリンピック選手については、メダリストは2・8年、平均寿命が長いというデータもあります。それで、１９００年から２０１３年までに亡くなったオリンピック選手と超百寿者のトレンドを見てみました。するとやはり、近年になって頭打ちの傾向は見えてきています。

為末　１２２歳という限界寿命を決めている生物学的な要因はどういったものなんですか。

新井　人間の体のシステムとして、そうした限界があるんじゃないかと私は思っています。よく、ＤＮＡの両端にある「テロメア」という部分が細胞分裂を繰り返して限界の回数を迎えると寿命になるといわれていますが、幹細胞による細胞供給の枯渇などにも関係があるのかもしれません。とはいえ、テロメアだけで寿命が決まってしまう、という単純なことではないと思います。

血液が全身に回って、体中の細胞がそこから酸素を取り込み、エネルギーをつくり出すといった生体のシステムとして限界がくるから寿命を迎えるのだと私は考えています。

「できないこと」を社会全体で受け入れる

為末　伸びは緩やかになりつつも、まだしばらくは平均寿命は延びていくわけですね。すると、日本でも当然ながら百寿者はますます多くなって、たとえば、２０２０年や２０２５年といった近い将来でも、超高齢社会の状況がより顕著になっていきそうですね。

新井　そうですね。高齢者も百寿者も数はもっと増えているでしょう。

為末　その頃の社会システムがどのようになっていて、私たちはどのような心構えをしていたらよいと思われますか。

新井　「こうなっているといい」という期待を込めて言えば、「65歳ぴったりで定年退職してあとは何もしません」というのではなく、その先の人生でもなんらかのコミュニティに関わりあえるようなライフスタイルが確立されているといいなと思います。長寿研究で私たちが目指しているのは、単に寿命を延ばすことではありません。何歳まで健康で生きられるかを示す「健康寿命」を延ばそうということです。

私たちの研究では、85歳ぐらいの年齢でも運動習慣のある方はあきらかに長生きです。だいたい75歳を過ぎると、認知症や虚弱といった高齢者特有の現象がいろいろ出てきています。その鍵のひとつは、高齢者が社会にコミットできるような状況なんだと思います。そうしないと、高齢者の人口が増え続けていくなかで、社会そのものが回らなくなってしまいます。

為末　高齢者の方が多くなっていくと、「できること」よりも「できないこと」のほうが多くなってくると思うんですね。けれども一方で社会全体には「成長が第一」といった価値観があります。

その価値観のままだと、なんとなく社会全体が苦しくなるんじゃないかという気がしています。「獲得すること」が幸せで、「喪失すること」は不幸せという価値観のままでいいんだろうかという……。

新井　確かに、社会全体として高齢化は進んでいくわけですし、高齢者の年代だけでなくどの世代も意識を変えていかなければならないと思いますね。
　高齢者が横断歩道をゆっくり渡っていたり、自動販売機でモノを買うまでに時間がかかっていたりすると、若い人は「早くしてくれ」と思ってしまうかもしれません。でも、自分が齢をとったらそうなるんだし、いろいろと「できないこと」が増えていくわけです。そういう社会になることを、社会全体が受け入れ、適応していく必要はあると思いますね。

為末　やっぱり「受け入れる」ということが大事になる、と。

新井　ええ。たとえば、認知症という病気そのものに対する意識を変えていくほうがよいとも言われています。これだけ平均寿命が延びたなかで、誰もが齢をとればなりうる病気なのだから、それを受容する社会になったほうがよいということです。
　もちろん、肉親が認知症になれば、ショックを受けますよ。私の父親は神経難病を患って亡くなりましたが、病気が進んでいくうちに認知症の症状が出てきました。自分の親のそういう姿を見て、感情的には確かにこたえます。
　けれども、社会の意識としては高齢化に伴う問題を受け入れる方向に認識していくことはとても必要なことだと思います。

為末　頑張ってなんとかなることと、頑張ってもどうにもならないことがありますよね。

以前、高齢者の方と一緒に運動をするという企画に携わったんですね。そのとき、あるおじいちゃんが、一緒に来ていた役所の人たちに向かってこう言ったんです。

「これからも健康でいてくださいというのは、わしのためか、あんたらのためか」って（笑）。真理を突いているなと思いました。何のために長生きをするのか、何のために健康でいつづけるのか、すべての世代が考えなければいけないんじゃないかという気がします。

医療費の抑制といったことも大切だけれども、1人ひとりの人生や幸福感にフォーカスを置くような、価値観の転換が必要なんだろうなと思いました。

新井　「齢をとる」ということがどういうことかという話を、高齢者や私たちのような研究者だけでなく、一般の人たちももっとできたらいいですね。

対談を終えて

人は「こういうことをすれば長寿につながる」ということを見つけたくなるものだと思います。でも、新井先生のお話を聞いていると、やっぱり長寿の要因というのはとても複雑で、何がどう影響しているのかまでは言えない。身体的なことだけでなく、「誠実性」や「開放性」など性格的なことも意外と影響していそうです。

人間にとっての寿命と、アスリートにとっての引退時期は、アナロジーの関係にある気がします。現役の陸上選手だったとき、20歳代まではコーチから「先のことを見ろ」とよく言われたものですが、30歳を超えると、今度は「先を見るな」と言われました。「その日にできることをやっていく」というのがベテランとして長く活躍する方法として正しいと言われています。日々楽しく生きていたら１００歳を超えていたという話と、共通しているような気がしました。

齢をとると、できなくなることが増えていきます。そのとき、理想の自分を強く持ちすぎていると苦しくなる。過去の自分に執着しすぎず、今の自分を受け入れていくなかで「超越」や「達観」という境地が見えてくるのかもしれません。われわれの年代にも当てはまる話だと思います。

名古屋大学教授

天野 浩

天野浩氏は、赤﨑勇氏、
中村修二氏とともに、2014年、
「高輝度・低消費電力白色光源を
可能とした高効率青色LEDの発明」で
ノーベル物理学賞を受賞した。
LEDのなかでも
青色の発光を実現することは、
至難の業とされてきた。
社会に変革をもたらすような
「イノベーション」は意図的に
起こすことができるのか。
LEDが近未来にもたらすであろう
驚きのイノベーションとは?

LEDの光が農業、医療、教育を変えていく

天野浩（あまの・ひろし）
名古屋大学教授。1983年、名古屋大学工学部卒業。1989年、工学博士（名古屋大学）取得、その後、名城大学講師、助教授、教授を経て、2010年より名古屋大学教授。1981年に民間企業から名古屋大学に移ってきた赤﨑勇氏（現・名古屋大学特別教授、名城大学終身教授）の下で、窒化ガリウムを材料とする青色ＬＥＤの研究開発に取り組み、実用化への道を開く。2014年、「高輝度・低消費電力白色光源を可能とした高効率青色ＬＥＤの発明」でノーベル物理学賞を受賞。1998年の英国ランク賞、2001年の武田賞、2009年応用物理学会フェローなど受賞歴多数。

本当に使えるものを研究対象にしなければならない

為末　天野先生のノーベル賞受賞に結びついた研究は、青色発光ダイオード（青色ＬＥＤ）の開発でした。

　確かに、街の電光掲示板の進化とかを思い返してみると、赤や緑のみのＬＥＤがあったなかで、でもその後、白色やカラーの電子表示もよく見かけるようになりました。その進歩には天野先生が研究された青色ＬＥＤの開発が不可欠だったと聞きます。

　そもそも、どうしてそんなに青色の光は出にくかったんですか。

天野　発光のために必要なエネルギーが大きく、結晶づくりが難しかったんです。虹でいう「７色」が、赤から青のほうに移っていくに従って、光のエネルギーは大きくなります。赤と緑はそれほどエネルギーは大きくなかったので、結晶をつくることができたのです。

為末　青に寄るほど発光させるのが難しいということは、青色ＬＥＤが最も難しいわけですね。

天野　そうです。青の光の粒のエネルギーは、赤の１・５倍ほどあります。その大きなエネルギーの光を出すための結晶は硬いものでなければならないのですが、その硬い結晶をつくるのが難しかったんです。

為末 天野先生はその課題に、名古屋大学で、同じくノーベル賞を受賞された赤﨑勇先生とともに取り組まれてきました。赤﨑先生の著書で読みましたが、その硬い結晶をつくるのに、ほかの研究者が避けていた物質に可能性を求めて、狙いをつけていたそうですね。

天野 はい。「窒化ガリウム」といいます。ほかにもつくりやすそうな結晶材料の候補はあって、青色の光を出せることは出せていました。でも、あまりにも脆《もろ》くて、青色の光を出しているとすぐ壊れちゃったんです。

別の材料ではいくら頑張っても実用化できないことがわかったので、難しいけれど実現すれば安定して壊れない、窒化ガリウムの結晶に狙いを定めてずっと研究してきたんです。

多くの研究者が青色を諦めていたことを知らなかった

為末 青色ＬＥＤの研究を目指そうとしたのはどのような経緯だったんですか。

天野 ほかの大学でもそうですが、私の出身の名古屋大学では大学３年の終わり頃になると、４年生が行う卒業研究のテーマを決めるんです。そのとき「青色ＬＥＤ」というテーマを見つけて「これだ！」と思ったんですね。

私が学生の頃は、まさにコンピュータの発展期でした。私も興味はあったのですが、日本の大学ではコンピュータ自体の研究がまだ十分されていませんでした。あれこれ悩む過程で、周辺装置である「ディスプレイ」に目をつけたというわけです。

為末 ディスプレイですか。

天野 ええ。ブラウン管を使っていて、ムダに大きかったんです。あまりにも格好悪く見えてたし、電力もたくさん食う。「これがLEDになったら、薄型とか壁掛け型のディスプレイも可能だな」と思っていました。当時すでに赤と緑のLEDはあったので、「青色のLEDをつくれば、自分で世の中を変えられるぞ！」と思うようになりまして。まあ、若気の至りです（笑）。

為末 これまでもいろんな研究者の方に、研究領域が定まっていった経緯を聞いてきたんですが、意図的でなくその道に入っていったという方が多いんです。「気づいたら、世の中が自分の研究領域に寄ってきた」というような。天野先生の場合は、研究対象が明確だったわけですね？

天野 ええ。ただ、もともと勉強はすごく嫌いでした。数学だけは得意でやっていたんですが、大学時代も勉強の意味をなかなか見出せずにいたのです。それで、大学の講義で、ある先生が「勉強は人のためにやるから意味があるんだ」と言われまして。その言葉で初めて視界がパッと開けた気がしました。

為末　「なんで勉強しなきゃいけないんだろう」と疑問を感じていた状態からパッと抜け出たような感じですね。

天野　でも、学生の頃は、あまり世の中が見えていなかったというか、「自分はディスプレイを薄くするんだ」という気持ちだけしかなくて。じつはそのとき、「青色ＬＥＤを開発することが世界の研究者たちが諦めるくらい難しいことだ」という事実は知らなかったんです（笑）。うっかり始めちゃいました。

為末　そうなんですか。

天野　私が青色ＬＥＤの研究を始めたのは１９８２年でしたが、私が考えるくらいですから、70年代にはすでに多くの人が青色ＬＥＤの開発に挑んでいたんです。でも、結晶をつくるのが難しくて、ほとんどの人が諦めてしまったようです。

為末　その状況をもし研究を始める前に知っていたらどうでしたか。

天野　どうだろう。この領域に進まなかったかもしれない……。

為末　大きな研究を成し遂げるには、ある程度「知らない」ことも大切なのかもしれませんね。僕も18歳のときに「ハードルではアジア人が決勝に残ったことがない」ということを知ったんです。でも、もうほかの競技を選び直すこともできない。そういう状況を知っていたら、僕もハードルを始めていなかったかもしれません。

天野　研究を続けてこられたもうひとつの大きな理由は、赤﨑先生の存在です。赤﨑先生は1967年から青色LEDに関係のある結晶の研究を企業でされてきましたが、1970年代にその企業が研究をやめてしまったのを受けて名古屋大学に移ってこられたんです。そんな赤﨑先生に出会ったので、「よし、俺が絶対にその結晶をつくってやる」という気持ちを持ち続けてこられたんだと思います。

為末　天野先生には「世の中の役に立つ研究をする。そのために青色LEDの結晶をつくる」という目標があった。それが研究を支えた原動力だったんですね。

天野　そうですね。1982年から研究を始めて、1980年代は名古屋大学の研究グループが世界のトップを走っていたんです。その後、赤﨑先生が1992年に退官されました。その頃、装置を新しくするために1年半ほど研究にブランクがありました。そのとき、日亜化学におられた中村修二さんが、より効率的に窒化ガリウムの結晶を作製する方法を開発したということで、そうした成果を世に次々とアピールされるようになったんです。

為末　そのときはどんな心境だったんですか？

天野　やっぱり焦りましたよ。でも、少し時間が経つと、結局このLEDで世の中が変わっているということを、落ち着いて見ることができるようになりました。それで、「やり方として私たちも間違っていなかったんだ」という実感を持てるようになりましたね。研究をして人の役に立つということが最終的な目標なので、それが実感できて安心して、また研究に取り組めるようになりました。

ブレークスルーには方法論がある。ではイノベーションは？

一度決めたテーマは変えてはいけない

為末　赤崎先生との研究の進め方はどのようなものだったんですか。

天野　赤崎先生は、材料については「窒化ガリウムでやるんだ」という方針を立てられましたが、それ以外のことはほぼすべて若い人たちに「自由にやりなさい」と任せてくれました。

為末　それは責任重大ですね。

天野　自分で考えなければならないことでもあるので、責任は感じました。それでも、自分の考え通りに研究をやらせてもらえたのはいい経験だったと思っています。

「勉強は人のために
やるから意味があるんだ」
と言われ、
初めて視界がパッと
開けた気がしました。

一般的に、大学の研究室ではトップの教授はメンバーとだいぶ年齢が離れていることもあって、1人で部屋で仕事をやるんです。学生たちと同じ部屋には、今でいう准教授や助教の先生がいて、たいてい学生はその先生たちとディスカッションをします。

学生は「自分はこう思う」と主張するわけですが、最初のうちは当然、先生に言い負かされます。それが悔しくて「いつか負かしてやろう」と思って、土日も実験に没頭していくものなんです。私も、あとから考えると、チームで研究をしてきてたくさんのヒントをもらったと感謝しています。

為末　赤崎先生からはどんなことを学ばれましたか。

天野　「一度決めたテーマは変えてはいけない」ということですね。

為末　でも、それってとても勇気がいることですよね。

天野　その段階に至るまでには、さまざまな材料があるなかで考えに考え抜いてこれだと定めました。決めたからには、ほかの材料のことは考えずに、結晶を実用化するまで頑張るということです。

扱う結晶によって実用化までの困難さは違いますが、世の中に役立って初めて研究には意味があるので、必ず世に役立つまでは責任を持って研究に取り組みなさいというメッセージだと捉えています。

為末　でも、ずっと研究を続けて、万が一うまくいかないまま研究人生が終わってしまったらすごくさみしい気もしますが。

天野　私の場合も、成果が出るまでに時間はかかりましたよ。大学4年生から研究を始めて、3年後の修士課程2年の時、ようやく結晶はできましたが、まだ青色LEDにはたどり着いていませんでした。

その後、博士課程の3年間では結果を出せず、そこから2年後にようやくLEDに必要なp型半導体の結晶ができるようになって。実用化のめどが付いたのがそれからさらに4年後です。でも、その途中では「いつか必ず実用化できる」という気持ちは持ち続けていました。

日々の積み重ねと「拍手喝采」のイメージ

為末　天野先生は、「青色LEDで世の中のディスプレイを変えたい」という大きな目標があったんですよね。一方で、日々の研究にも喜びや発見のようなものもあったのではないかと思います。スポーツだと、金メダルを取った瞬間の自分の姿を想像しつつ、昨日できなかったことを今日できるようになるということに喜びを感じる面もあります。研究において、将来の大きな目標と日々の喜びのバランスはどのようなものですか。

天野 そうですね。遠い目標を持ちつつ、日々を大切に過ごす。そのバランスはとても大事ですね。日々のことでいえば、修士課程の頃は2～3時間の実験を1日5～6回していました。

為末 そんなにですか！

天野 毎回、考えに考え抜いて実験するんです。思い描いていた通りになれば「やった！」ってなるし、思い描いた通りにならないと「あれ、何でだ？」と疑問がわいて、論文や教科書を調べ直す。その繰り返しなんですが、1つひとつが面白い。そうした結果がまとまってくると、成果を学会に発表することになるので、「拍手喝采」のイメージにつながってくるわけです。日々の研究を面白いと感じることと、将来の時点で拍手喝采を浴びること。その両方があることがモチベーションが続く理由なんだと思います。

為末 「いつか成果を出して拍手喝采を浴びるんだ」と思う一方で、それがいつになるかはわからない。そういうなかで、踏ん張り切れる人とそうでない人の違いは何だと思いますか。

天野 こだわり、かな……。

為末 なるほど、こだわりですか。でも、こだわるといっても視点が定まりすぎてもよくない気がするんです。ある程度は柔軟にやり方を探ったりする必要はありますよね。

天野　確かにそうですね。私もこだわりを持ちつつ、うまくいかなくなったときには、とにかくいろんな情報を入れることにしていました。実際に東北大学の先輩や企業の知り合いの方を訪れて装置を見せてもらったりして、取り入れられそうなものは、何でも取り入れようという気持ちでした。そのなかで「これは大事」「これは大事じゃない」と吟味していったんです。

為末　停滞期から一気にブレークスルーが訪れるということもある気がします。ブレークスルーにはパターンのようなものもあったんですか。

天野　やはり外から情報を得て、それを当てはめるなかでブレークスルーが生まれるというパターンが多かったですね。たとえばそれまで扱ったことのない材料について「こういうやり方をするときれいな結晶が得られる」という情報を得たことがありました。それを自分の対象でまねしてみると劇的に結晶がきれいになった。私にとってとても大きなブレークスルーでした。

為末　とんでもないことばかり試していたら、成功したというわけでもないのですね。

天野　そうですね。熱力学や量子力学といった、自分の研究を進めるうえでの基本となる学問は勉強しますから。それらに基づいて判断していました。

「青色ＬＥＤの開発が
世界の研究者たちが
諦めるくらい難しいことだ」
という事実は知らなかったんです。
うっかり始めちゃいました。

そうなんですか。
大きな研究を成し遂げるには、
ある程度「知らない」ことも
大切なのかもしれませんね。

大きな方向性を持っておくことがイノベーションの条件

為末　「イノベーション」についても方法論があるものなのか、天野先生にお聞きしたいと思っていました。つまり「どのくらい意図的にイノベーションは起こせるのか」ということです。

スポーツの世界では「天才を生むシステムを考える人が凡人だったら、それで本当に天才を生むことができるのか」ということがよく言われるんですね。革新的なことを意図しようとそこにだけ注力していても、じつはまったく革新的なことに結びついてない可能性もある気がします。その辺がイノベーションを創出する難しさなんじゃないかと。

天野　意図してイノベーションを起こせるか、というのは難しい問題ですね。ただし、大きな方向性は見えていたほうがよいような気はします。

たとえば、食糧問題や地球環境問題、エネルギー問題といった大きな規模での方向性は頭に入れつつ、自分たちの今の研究がそれに対してどれだけ貢献するかということを考えながら研究していくと、イノベーションともいえる新しい成果が生まれるんじゃないかと、そう思ってやってきました。

為末　多くの分野や人材に資金を振り向けられればいいのですが、予算には上限があるわけですよね。スポーツでも、本当は誰が5年後にメダリストになるかわからないなかで選択をしなければならないのですが、その方法が難しいなといつも感じています。研究でも資金の配分は難しいんでしょうね。

天野　難しいですね。完璧なシステムはないと思います。ただし、フランスやドイツなどでは、コンスタントに研究成果が出ているといった傾向はあります。1人ひとりが集中できるようなシステムをつくっているんでしょうね。そういうところから学ぶべきことはあると思います。

為末　アメリカでもイノベーションが多く生まれていますよね。

天野　アメリカはハイリスク・ハイリターンの国という印象ですね。中村修二先生にもアメリカの研究システムについてお聞きしたことがあります。研究を続けるためには国や企業などから毎年予算を集めなければならなくて、それができなくなると大学を辞めざるを得ないといった話でした。「アメリカは大変だ」って言っていましたよ（笑）。

アメリカでは常にイノベーティブな仕事が出てきますが、必ずしもお金を集めたところからのみ、それが起きているという気はしません。細々とでも続けているような研究から新しい成果が生まれることも多いと思います。

日本はアメリカに倣って「選択と集中」という合言葉を掲げて、ある特定の研究室に多額の研究費が付く一方で、基礎的な研究をするための予算は削られているのが現状です。これは、少し行き過ぎているような気もします。

為末　国ごとにさまざまな課題がありますね。

天野　研究のタネとなる「シーズ」はどこから出てくるかわかりませんし、狙ってシーズを出そうとしても、たいていはうまくいかないんですよ。いろんな人が着実に研究できるような仕組みにしたほうがいいんじゃないかと思います。

為末　スポーツ界の人たちは今、２０２０年の東京オリンピックとパラリンピックを大きな目標にやっていますが、メダルが取れそうな競技に絞って力を入れていては、２０２０年で終わってしまう感じもあります。教育がいいのか、強化がいいのか、システムに力を入れるのがいいのか。難しいですね。

新光源がもたらす近未来像とは？

脳内ＬＥＤで行動をコントロールする

為末　今、天野先生がＬＥＤの研究分野で「これは面白い芽がある」「実現したら面白そうだ」と思っておられることはありますか？

天野　いろいろあります。たとえば、これは医学の分野では、「人間の行動をＬＥＤでコントロールできるようにする」という研究が進んでいるんです。

マウスやヒトの脳にはシナプス（神経細胞）が無数にあって、シナプスからシナプスへと神経伝達物質が伝わることで、刺激を受けたり行動を起こしたりするわけです。

シナプスをつなげるときにタンパク質が使われるんですが、青の光に反応するタンパク質や、オレンジの光に反応するタンパク質がすでに開発されています。それを神経の中枢に入れて、ＬＥＤの光も脳内にファイバーなどで入れる。すると、たとえば、オレンジの光が入るとマウスが暴れだし、青色の光が入ると眠る、といったことが起きるんです。

人間に対してマウスと同じことをするのはまずいですが、医療への応用は、真剣に考えられています。たとえば、生まれつき行動に支障をきたしている患者さんなどの治療に使えるんじゃないかと、医学部の先生たちが熱心に研究されていますよ。

為末　そうした分野にもＬＥＤは応用されていくんですね。

天野　ほかにも、ＬＥＤで野菜を効率的に育てるといったことが、産業として盛んになっています。実際、企業の名前がついた野菜が売られています。

為末　植物にＬＥＤの光を当てるということですか？

天野　そうです。野菜は太陽光を浴びて育ちますが、太陽光にはすべての波長の光が含まれていて、光合成を抑制してしまう波長もあるんです。抑制する光の波長を与えなければ、植物はもっと成長するんです。

ＬＥＤを使えば、特定の波長だけを選んで植物に与えることができるので、育成測度を2倍とか3倍にすることができるんですよ。

為末　ＬＥＤの色の違いが野菜の育成速度を変えるんですね。

天野　あと、もうひとつ面白いと思っているのは、「紫外線ＬＥＤ」です。ＬＥＤは青色のような可視光のほかに、紫外線も出せるんです。これを殺菌や水の浄化などに応用することができます。

私たちもベンチャー企業と一緒に取り組んでいますが、たとえば「乾電池で動く水質浄化装置」ができると、きれいな水を手に入れにくいような地域で役立てられるんじゃないかと期待されています。

長期的に何かを
目指すためには
ひとつのものごとに
没頭できるような環境も
大事なのではないか
と思うんです。

ＬＥＤで医療も教育も変わっていく

為末　ＬＥＤがさらに広く応用された先の未来では、どんなことが起こっていると思いますか。

天野　医療ではもっと応用がありうると思います。たとえば、紫外線を当てると皮膚病の治療ができますが、白斑や感染症の治療に紫外線ＬＥＤが使われ始めています。

生活面ではＬＥＤと太陽電池を組み合わせた光源がもっと広がっているのではないかと思います。電力網未整備の地域を明るく照らすことができるようになるでしょう。

モンゴルには今も伝統的な遊牧生活者が多くいますが、子どもたちが夜に本を読めないなど現代生活とのギャップもあってそうした伝統的なライフスタイルの存続が危ぶまれていました。でも、ＬＥＤが開発されて、夜でも勉強できるようになったということです。こうした光源は、アフリカや南米などでも広がっていくと思います。

為末　残っている課題はなんですか？

天野　より広く普及させるためには、より安くつくらなければなりません。そこは課題だと思っています。

それと、これまではＬＥＤの性能の競争が続いてきましたが、使う側からの視点が少し欠けていた気がします。ＬＥＤが、人間にどのような心理的影響を及ぼすか、また生活リズムがどう変わるかといったことを今後は見ていかなければならないでしょう。白熱電球や蛍光灯からＬＥＤに変わったことの影響を、文化的あるいは生活的に捉えることが必要になります。

情報を遮断して「考える」ことが成長をもたらす

為末　天野先生のＬＥＤ研究もそうですが、長期にコツコツ何かを目指すということはとても大切なことだと思うんですね。そのときに、ひとつの物事に没頭し続けられるような環境も大事なのではないか、と。

自分の現役時代を振り返ってみると、インターネットが今ほど普及していなくて、ほとんど情報が断絶されたような状態で陸上競技に打ち込んでいました。でも、今は情報がありすぎて、「簡単に成功している人なんていない」といったことがすぐにわかってしまう。

僕も今のような情報の多い状況だったら「ハードルしかないんだ」と思い切れていただろうかという感じはあるんです。没頭することが困難になっているというか……。

天野　それはあると思います。情報が入りすぎて、かえって今の学生たちは、大きな目標を持ちにくいのではないかと感じることは多いです。

為末　皮肉ですよね。情報をたくさん手に入れると興味ある分野に入り込めなくなってしまう……。

天野　今の若い人たちは、情報を手に入れただけで満足して、それ以上は考えなくなるような傾向がある気がします。情報を集めてある程度のレベルまで達したら、あとは自分で考えていくべきなのでしょうね。私も修士課程の頃、教科書に書いていないことばかり実験結果で出てくるので、ほかの情報はあえて遮断して没頭する時期もありました。やはり、誰にとってもそういった「自分で考える期間」が必要なのだと思います。

対談を終えて

ノーベル賞というのは、スポーツの世界で言えば、オリンピックの金メダルのようなものだと思います。西洋人がうまく権威づけをする象徴的なイベントという点でも、オリンピックと似ているかもしれません。アスリートと研究者の生き方の共通点も改めて感じました。高い目標を設定して、その頂を目指す一方で、日常の練習、日常の実験に目を向けて、日々前進していく。スポーツでは、未来の目標か日常の生活かのどちらかに心が偏っていると苦しくなるんですが、研究でもそういう面があるのかもしれません。

考え抜いて決めた研究テーマは変えないというお話も印象的でした。どこかで踏ん切りをつけることは重要だとも思いますが、「報われなくても構わない。とにかく決めた道で行く」というような感覚も、研究の世界にはあるのかもしれません。最近『いつも「時間がない」あなたに――欠乏の行動経済学』（センディル・ムッライナタン、エルダー・シャフィール著、早川書房）という本を読んだのですが、何かを考えて頭の領域を支配されることが、意思決定に使う時間をそぐといった、マルチタスクの弊害について書かれてました。ひとつのことに没頭できることって、やっぱり大事なんだなと思います。

元ソフトバンクロボティクスPepper開発リーダー

林要

2014年6月、ソフトバンクグループは、
「世界初の感情認識パーソナルロボット」、
Pepper(ペッパー)を発表した。
すでに店舗や家庭での使用が始まっている。
人型ロボットの普及は、
人間の自己認識やコミュニケーションの
かたちをも変えていくだろう。
ロボットと人間が共存する社会では、
それぞれがどんな「役割」を
担うようになるのか。

人型ロボットは人間のよきパートナーになれるか

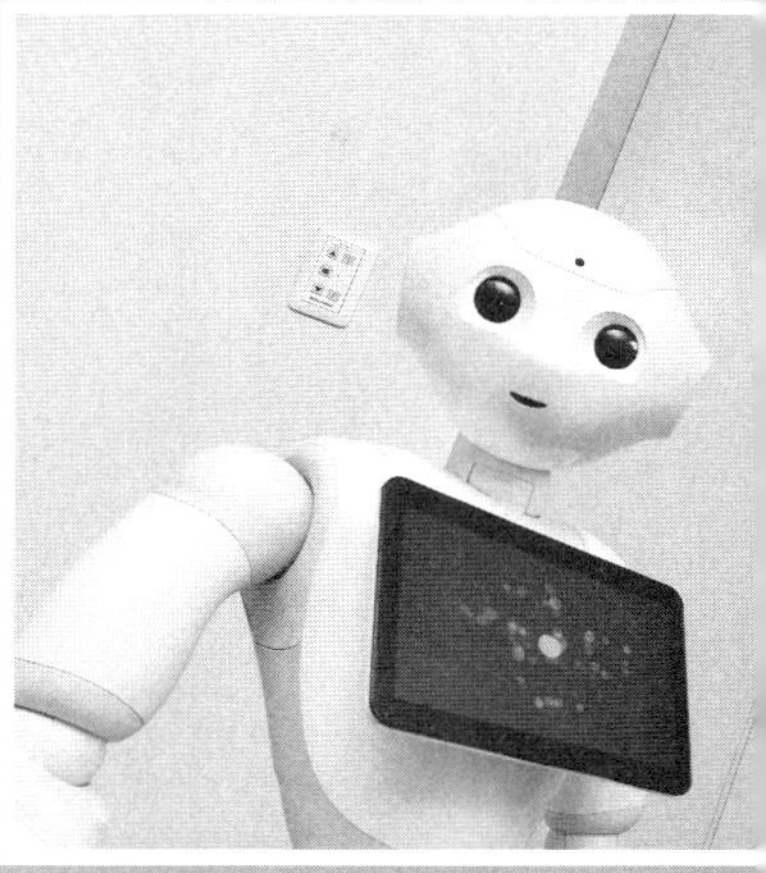

林要（はやし・かなめ）
1973年愛知県生まれ。東京都立科学技術大学（現・首都大学東京）に進学。大学院を経てトヨタ自動車に入社。レクサスLFAの開発プロジェクトを経て、フォーミュラ・ワン（F1）の開発スタッフに抜擢され、ドイツの開発拠点で4年間にわたり活躍。帰国後の2011年、ソフトバンクグループの後継者発掘・育成プログラム「ソフトバンクアカデミア」に外部1期生として入校。その後、2012年4月ソフトバンクに入社。ソフトバンクロボティクスのプロダクト本部PMO（Project Management Office）室長としてPepperの開発を担当した。2015年9月に退職。

過程を明るくするロボット

まずはペッパーとコミュニケーション

ペッパー　スーパー早口ペッパー！（胸のモニターに、早口言葉が4種類表示されている）それで、何番のスーパー早口言葉が聞きたいですか。

為末　4番！

ペッパー　では、何番のスピードで聞きたいですか（モニターに1番＝10倍、2番＝100倍、3番＝1万倍、4番＝1億倍と表示されている）。

為末　2番！

ペッパー　了解しました。100倍ですね。それでは、いきますよ、3、2、1……。「派出所に衝撃が走る八週連続朝食ハッシュドビーフ。派出所に衝撃が走る八週連続朝食ハッシュドビーフ。派出所に衝撃が走る八週連続朝食ハッシュドビーフ」（わずか3秒ほどでしゃべり切る）。

為末　何を言っているんだか、もうわからない（笑）。

ペッパー　もう一度やりますか。
為末　はい。
ペッパー　では、何番のスピードで聞きたいですか。
為末　4番！
ペッパー　了解しました。1億倍ですね。それでは、いきますよ、3、2、1……。
「ブォ！」（と聞こえる）。
為末　すごいですね。
ペッパー　それではまた遊びましょう！

人型にすることで心理的障壁をなくす

為末　さっそく、ペッパーくんとコミュニケーションさせてもらいました。今日はペッパーの〝野望〟がどんなところにあるのかを、林さんに聞きたいと思います。
林　コンピュータとセンサ、モーターが備わっているという点で、ペッパーは今までの人型ロボットと違いはありません。けれども、やっぱり狙いはだいぶ違っています。
為末　どんなところですか。

林　今までのロボットは、「これだけ速く走れる」「コップを持つことができる」「楽器を演奏できる」といった、技術のショーケース的なところがありました。それはそれで科学技術の進歩のために素晴らしいことだと思います。

でも、どうしてそうした人型ロボットが実用化しなかったかというと、対価に合った価値を提供できない状態が続いたからです。その人型ロボットを数百万〜数千万円で買うような市場はありませんでした。

私たちは、特定の技術を将来のために進化させてデモンストレーションする目的以外でも、現状の技術で人型ロボットが日常生活に貢献できることがあるのではないかと考えました。

弊社グループ代表の孫（正義）は、「ＩＴで人を幸せにしたい」と思い続けてきたわけですが、その発想がスタート地点にあり、その解のひとつがクラウドにつながった感情を認識する人型ロボットだったというわけです。

便利な機能性よりも、むしろ人との関係性を重視したロボットが家に入ることで、家庭を明るくすることができるのではないかと考えています。

為末　ペッパーができるようなことを、家そのものが担えばよいのではといったことも考えていたんですが、人型ロボットという形にしたのはどうしてですか。

林　スマートハウスは今後も進化していくでしょうが、それはペッパーと親和性の高い共存になると思います。

便利機能はスマートハウスに組み込まれた各種専用ロボット、それに加えて人とのコミュニケーションを担当するのがペッパーという位置付けです。コミュニケーション専用機が必要な理由のひとつは、ハードウエアを人型にすることで、人の接し方が違ってくるということです。

たとえば、ｉＰｈｏｎｅには、音声の質問に答えるＳｉｒｉというアプリケーションがありますが、Ｓｉｒｉの回答を待っている間は誰もが「サーバーに接続して処理している待ち時間」と考えています。

でも、人型ロボットのペッパーに対してなら、「あ、ペッパーが何か悩んでる、困っている」と思ってくれるんです。人が自然に相手のロボットのことを想像して、行動に意味付けをしてくれることで、人は機械に感情移入でき距離が縮まるわけです。

為末　ああ、なるほど。

林　そうして心理的障壁がなくなったあとの人とロボットのやりとりは、より自然なものになるので、結果としてそれが貴重なデータになります。

データがクラウドに蓄積されることで、ロボットが人のことを学ぶことができるように

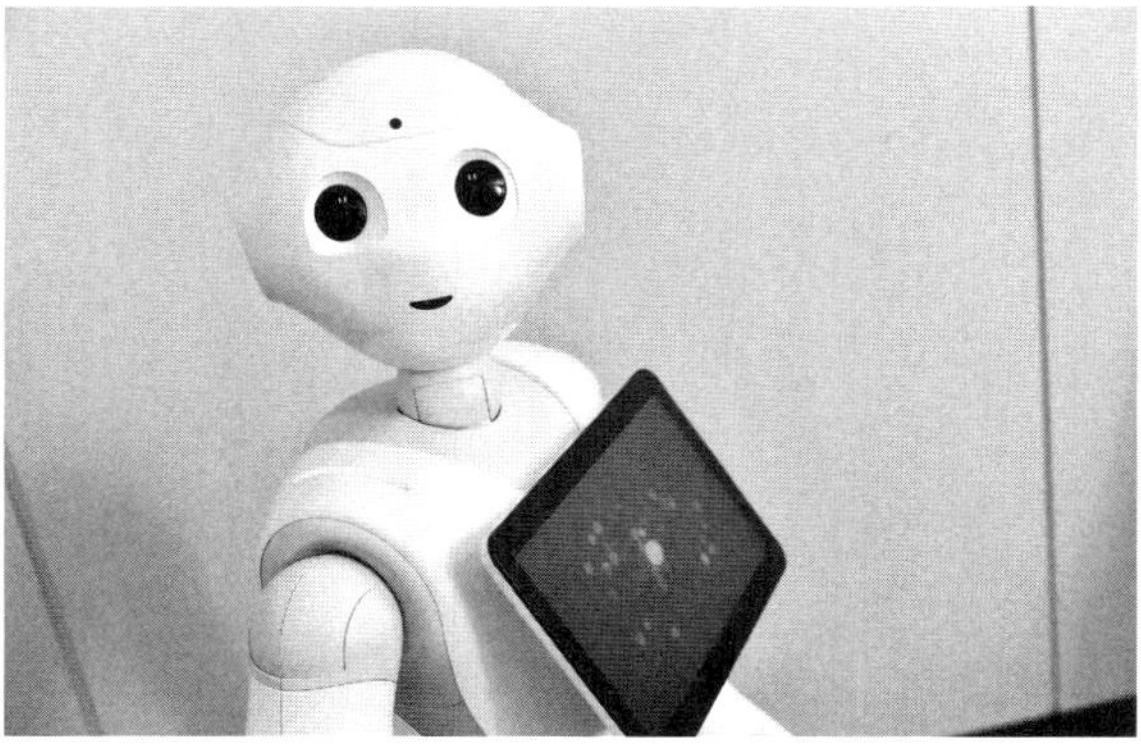

それではまた
遊びましょう！

なります。人のことを学べば、心の面でももっとサポートできるようになるのではないかとも思っています。

為末　確かに、僕は箱としてのコンピュータに対して話しかける気にはなれないんですが、人の形をしているペッパーには、なんとなく話しかけようという感じになりました。人型という形状も重要だったんですね。

林　ええ。私たち自身が物事にどう反応しているのかについて、さまざまな認知科学の説があります。たとえば、前野隆司先生（慶應義塾大学大学院教授）が提唱されている「受動意識仮説」。

為末　人が体を動かそうと意図するよりも早く、脳内の活動が始まっているという説ですよね。

林　そうです。この受動意識仮説を考えると、人の思考も行動も基本的には条件反射のようなものかもしれない。すると、やはり箱が話しかけてくるのと、人型ロボットが話しかけてくるのでは、人の本能の働き方が違ってくるのではないかと思います。

その違いによって集まるデータが変わり、結果として人工知能の進歩の仕方も変わる。その意味で、人型ロボットにするというのはとても大きなことなんです。

為末　ペッパーが、たとえば家とつながってくると、家に帰ってきた人の顔の血色を見て部屋の温度を設定するとか、あるいは担当医に連絡が行くようにするとか、そういった使い方も考えられそうですね。

林　ええ。ペッパーはやはりインターフェースなんですね。たとえば、ＡｐｐｌｅＷａｔｃｈもペッパーと同じような役割を持たせることはできると思います。でも、ＡｐｐｌｅＷａｔｃｈは洗練されたインターフェースとしての機能が詰め込まれているので、現状ではまだＩＴリテラシーの高い人たちが使うデバイスです。

一方、ペッパーを老人養護施設などに持っていくと、ご高齢の人たちに普通に話しかけてもらえます。最新のテクノロジーをベースに新たに習得した知識を使わないでも、本能的に自然なコミュニケーションが成立するんですね。

このインターフェース・ロボットが何と連携するかは、発想次第で無限に考えられます。ペッパー自身は上手に掃除はできないかもしれませんが、ペッパーが「ルンバ」に掃除をさせることはあるかもしれませんね。為末さんの言われた「医者とつながる」という話は、実際ご提案してもらったりもしています。

限られた能力に合った動きを考えた

為末　ペッパーのどのあたりに、人がつい話しかけようとする特徴があるんですか。

林　まず目の存在です。「ペッパーが自分を認識してくれている」と、人に思い込んでもらうことはとても大事で、その点、目の存在は大きいんです。ペッパーは、相手と目がしっかりと合うと話をします。人からすると、「ああ、この子はちゃんと自分を認識している」と思えるわけです。

為末　顔立ちも可愛げですよね。

林　ええ、目が大きくて丸っこい顔をして、身長も約120センチで大きすぎず、威圧感を与えないようにしました。

為末　人が自然な感情を持って接するにはどうすべきかという点にフォーカスしているんですね。

林　はい。目の下側の小さなカーブのラインなどは、孫自らが最後まで相当こだわっていましたよ。

手についても、運動機能的には5本指でなく3本でもいいのです。けれども、指が5本あるほうが人には表現として自然に感じられる。そのため、あえて5本指にしています。

為末　（ペッパーの指に触れて）ああ、軟らかくできているんですね。動き方もあまりカクカクっとしてなくて、滑らかです。

林　ハードウエアの構造で自然な動きができるように設計しています。それでもプログラミングを雑にするとカクカク動いてしまうので、そこも気を使いました。

真実味のある自然なペッパーを実現するため、むしろペッパーの限られた能力に合ったキャラクターにすることを考えました。やたら思慮深そうな動きをさせても、それに応じた能力がないので、やっぱり言葉と動きがチグハグになって、偽物だと人に感じさせてしまうんです。

為末　でも、技術が進歩したら、ずっと考えているような表情をして、最後に一言だけ重い言葉を発する「哲学ペッパー」が生まれる可能性もありますか（笑）。

林　あるかもしれませんね。今はペッパーが得意な会話内容に誘導するべく、自分からしゃべることで会話の範囲をコントロールしようとしています。けれども、ペッパーのバックエンドにある人工知能が進化していけば、口数を減らせるようになると思います。

「面白さ」を追求するため俳優養成所にも通った

為末　開発のスタート地点に「人を幸せにしたい」という願いがあったというお話でしたね。その後の開発はどんな感じで進んだんですか。

技術が進歩したら、
ずっと考えているような
表情をして、
最後に一言だけ重い言葉を発する
「哲学ペッパー」が生まれる
可能性もありますか。

林　「便利である」ことで人を幸せにするという方向性も、トライはしました。

為末　より便利な機能を付けていく、と。

林　ええ。でも、こういう汎用機では、便利な機能を低コストかつ人が心地よいと考える性能で実現するのは現実的ではありませんでした。私たちは、すでに完成度の高い専用機に慣れ親しんでいますから、比較すると見劣りするんですね。

それで、「ペッパーが直接、人を幸せにするってどういうことだろう」と、原点の発想に立ち返ったんです。それで、人を笑わせる、可愛げがある、人間らしさを感じる……そうしたことを実現するための方法を突き詰めるようになりました。

為末　便利さを感じるよりも、親しみを感じることを目指したわけですね。

林　そうですね。でも、人を笑わせようとして頭で考えた面白そうなことをやらせても、それだけでは実際はぜんぜん面白くならないんですよ。

2次元の漫画やアニメなら登場人物のキャラクターを先につくって、それから能力を合わせていっても読者は違和感を覚えません。でも、リアル3Dのペッパーは能力が限られています。

ペッパーのキャラクターがその能力から想像される幅に入っていない場合、人はむしろロボットが人型をしているがゆえに「人間だったらこうであるはず」という細かい誤差が本能的に気になって、偽物っぽさを感じてつまらなくなってしまうんだと思います。
だから、シンプルに人に面白いと感じてもらうまでには、いろいろな学びがありました。私自身が、演技を学びに俳優養成所へ行ったこともあるんです。みんなプロの役者になろうとしているなか、自分だけはロボットをつくろうとしているという……。

為末　ちょっと普通じゃないですね（笑）。

林　先生から「人を殺した人物を演じてみなさい」と言われて、高倉健さんの任侠映画の演技をまねしたんですが、だめでした。まさに猿まねでした。結局、自分のなかに含まれている殺人者の要素をどれだけ出せるのかが重要だったんですね。

為末　なるほど、「私」から出てくるものが必要なんですね。

林　そうなんです。「もし自分が間違って人を殺したらどうなるんだろう」ということを考え抜いて演じた結果、初めて評価が上がったんです。
ペッパーをつくるということも、誰かが考えた何かをペッパーに押し付けて動かすというのでなく、ペッパーの中にあるものにフィットするにはどうすればいいかを考えました。このような一般的なものづくりとしてのエンジニアリングではない部分は、気づきが多かった気がします。

人間らしさって何だろう

きわめて少ないデータから未来を予測する能力

為末　ペッパーに対して、いろんな人がコミュニケーションをとっていくことになると思います。そのコミュニケーションに含まれる人の声や表情などの情報が、クラウド上の人工知能に集められていくわけですよね。

そうすると、人のコミュニケーションの集合知のようなものができる気がするんです。いずれは、ペッパーを通じて人間自体を理解できるベースみたいなものができていくんでしょうか。

林　そうなっていくと思いますね。

人工知能には、大量のデータが必要です。私たちの行動がデータでわかるようになってきたといっても、それは限られたものでしかありません。「給料日前後に人は元気になるらしい」といったことは、わかっているかもしれない。一方で、「給料日の4日後の人は飲みすぎて寝坊しがちになっている」という傾向も、じつはあるかもしれない。大量のデータがあれば、そうしたことまで人工知能で導き出すことができるようになります。

為末　逆に、大量のデータがないと、そうした推測は人工知能には難しいわけですね。

林　ええ。きわめて少ないデータから未来をある程度予測できるというのは、コンピュータにはない、人の大きな特徴です。

エピソード記憶をたよりに未来を予測する。いわば人類はその能力を競い合いながら進化を遂げてきたわけです。コンピュータ自体が、わずかな物事の情報から将来を予測するというのは、相当難しいのではないかと思います。

表情と感情のずれまで表現できるか

為末　僕は「人間らしさって何だろう」ということに興味があるんです。個人の感覚としてですが、「偏り」が「人間らしさ」には重要なんじゃないかという気がするんです。性格だったり、能力だったり。

人それぞれが偏りを持つように、ペッパーも個別に性格を持つようになるといったことはありえるんでしょうか。

林　将来的にはありえると思います。現在の人工知能では、相手との関係や状況に応じて言葉の出し分けをするだけで精いっぱいで、まだそれ以上の分岐を持っていません。でも、ペッパーが家族の一員になる以上、将来的にそうした個性を持つことは、マストの条件になってくると思っています。

為末　「人間らしさ」の条件を考えたとき、「ミスを犯す」ことも大切なんじゃないかと思うことがあります。ペッパーにミスを組み込むというのも、なかなか難しい気はしますが、将来的にはそういう人間らしさも目指すんですか。

林　そのあたりも考えはしましたね。ただ、現状のペッパーがまあまあドジなものですから（笑）。

バグってしまったり、止まってしまったり、ミスはしているんですね。ペッパーを世に出すまで、私どもはそれをすごく恐れていました。ところが、皆さん、ペッパーを見る目があたたかいんですね。それは、やはり人型の強さなんだと思います。

為末　「人間らしさ」について、もうひとつ僕が思うのが「心」のようなものをそれに対して感じることができるかどうかです。ペッパーにも「心」を感じられる部分はあると思いますが、さらに深めるにはどんな研究開発が必要になってくるんでしょう。

林　やっぱり、「ペッパーの状態が変わっている」と感じられるようになることだと思いますね。

為末　「状態が変わる」とは？

林　テンションが変わるとか、そういったことです。たとえば、「あ、ペッパー、今寂しかったからこうしてたんだ」ということを、人に感じてもらいやすいかたちでペッパーが表現できるようになればと思います。

為末　面白いですね。昔、俳優の辰巳琢郎さんと話していてなるほどと思ったのが、「人は本当に怒るとそれを鎮めようとして笑おうとする」という言葉でした。

一生懸命に笑おうとするんだけれど笑えない。そこに、怒りが垣間見られる。その表情と、隠そうとしている感情がずれているときに、「人間らしさ」が出るんだと思いましたね。そうした奥深さにも、人型ロボットは到達していくものでしょうか。

林　そういう反応も実現できるのではないかと思いますが、人とロボットで大きく違うところもあります。人が怒りなどの反応を示すのは、生物学的に「生き残るため」という目的が根本にはあります。ロボットにはその目的を達成する重要性が人より希薄なので、そこまでの心理的葛藤が生まれる境地にはなかなか達しないでしょう。

それでも、人の感情の表現に近づく方法はあると思います。まず、自分の前にいる人が本気で怒っているということを理解しようとする。ペッパーは、表情と声の両方から感情を読み取ろうとします。

今のお話だと、表情は笑っているけれど、声は怒りに震えている。人が「このとき人は最も怒っている」と教え込ませると、ペッパーは「うわ、この人、今すごく怒ってるんだ」と理解できるようになります。

あとは、それを受けてどのように対応させるかというコミュニケーションの課題になってくると思います。このようなレアなケースでは、人工知能にとっても収集できるデータが当面は少なく、どのタイミングで何をどう出すのがよいかを学習するのはかなり難しいかもしれません。やっぱり、人のことを知るための大量のデータの蓄積が必要になってきます。

すべては信頼を得ることから

為末　こんなことも考えるんです。完全に人と同じ姿のロボットが開発されて、完全に人と同じ言動をしたとします。

けれども「これは人でなくロボットなんです」と言われたとき、人はそのロボットを人と認識するか、それともロボットと認識するか。僕は、人の納得感が重要になる気がしているんです。

林　納得感。

為末　ええ。以前、車椅子の肘かけを開発していたエンジニアが、半身不随の患者さんに「この高さでどうですか」と聞いたところ、「高い」って言われたそうです。肘かけを低くしてみたら、今度は「低い」って言われたそうです。高くしたり低くしたりを何度も何度も繰り返して、最後に「この高さがいい」と患者さんが言ってくれた。じつは、その高さは最初と同じ高さだったというお話でした。つまり患者さんは納得したんでしょうね。

ロボットの開発で「人から納得感を得る」のは、アプローチしにくい領域かもしれませんが、林さんはどう考えますか。

林　結局、納得感を得るということは、信頼感を得るということなのかなと思います。ペッパーは信頼されなければならない。

為末　安心して使えるといったことですか。

林　はい。ペッパーでは、やろうと思えば、接する人の個人情報をくまなく集めてくることは技術的に可能です。けれども、それをせず匿名情報だけを扱うようにしています。自分たちで制限をつくったのは、皆さんから信頼感を得ることこそがすべてだと思ったからです。

将来、競合他社などからいろいろな人工知能が出てくるでしょう。そのとき皆さんがどれを選ぶかは、ブランドへの信頼感にかかってくるんだと思います。私どもはパイオニアとしてとても気を使っています。

為末　ペッパーに対して納得感を覚えるのも、競合優位性を保つのも信頼感があってこそというわけですね。

林　そうです。信頼感です。

人とロボットが互いを必要としあう未来社会

レーシングカーからロボット開発へ

為末　これまでのお話を聞いて、ペッパーの開発でいかに人の心や感情といった部分への働きかけを重視しているかがわかりました。僕自身も陸上競技をしているときから心の動きに関心があって、認知心理学や認知科学を個人的にも勉強しています。

林さんは、ペッパーの開発プロジェクトに興味をお持ちになった理由はどんなものだったんですか。やっぱり「心」に興味があったんですか。

林　うーん……、それはどうでしょう。

私はいわゆるロボット屋ではぜんぜんなかったんです。もともと自動車メーカーで空気力学を研究していて、海外でF1のレーシングカーの設計をやっていた時期もありました。自分の開発したパーツを入れると、そのときはマシンの性能が一時的に上がったりして表彰台に上れたこともありました。でも、すぐまたライバルに追いつかれて、優勝はできず悔しい思いもしました。

そんなとき「これはチームスポーツなんだ。1人でパフォーマンスを高めようとしても勝てないんだ」と気づきました。

帰国後、今度は市販車の製品企画にチーフエンジニアの下で開発チームを率いることになったんです。そこで、「ああ、やっぱりチームワークってすごく大事なんだな」と実感するようになりました。

為末　チームを率いるということがテーマになったんですね。

林　ええ。そんなとき、孫正義が「ソフトバンクアカデミア」という次世代リーダー育成プログラムを始めたんですね。

為末　孫さんの「後継者」を養成するという企画ですね。

林　そうです。「社外の人でも無料で入れる」というので、面白いから応募したんです。そこでは若手経営者の方が多くいて、サラリーマンとしてはとがっていたつもりだった自分が相当に凡庸に見えて驚きました。

そんななかで、ペッパーの開発プロジェクトが立ち上がることになり「林、お前、プロジェクトリーダーとして来ないか」という話になりまして。ロボットはいつかは来るとは思っていて、チャレンジさせてもらえるならぜひということで、元の会社を辞めてこちらに来たわけです。

為末　そうだったんですか。それで、プロジェクトのリーダーになってからは……。

林　「そもそもＩＴで人を幸せにするとは」というところから始まって、ペッパーを魅力的な形にしていくまでは、周囲の目もとても厳しいわけですよ。

それでも自分がリーダーとして、クリエイターや構成作家たちと失敗を重ねながらペッパーの開発を続けたんです。最初に「面白い」と思えるものがひとつできたときのうれしさといったらなかったですね。

為末　満足がいくようになったわけですね。それまでのペッパーとはどこがどう違ったんですか。

林　違和感がなくなったということですね。ペッパーにフィットさせるための無理やり感のようなものがなくなり、人が見ても無理のないキャラに合った役割や愉快さ、ユニークさを持つようになったんです。

為末 それは見た目のフィット感ですか、それとも動きのフィット感？

林 すべてですね。見た目も、動きも、声も。開発がその段階に進むまではしんどかったです。

でもそういう過程を経た結果、自動車エンジニアだった私が人工知能や人間の認知の仕組みなどを勉強し、結果的に今は為末さんと同じく「心」について考えるようになりました。ロボットを通して人間がますます面白く感じられるようになりました。

「聞き上手」なロボットの開発を目指す

為末 今後10年くらいでロボットの世界ではどんなことが繰り広げられていると林さんは考えていますか。たとえばペッパーのいる家庭は、どうなっていると？

林 個人的に実現したいなと思っているのは、「話をひたすら聞いてくれる」ペッパーです。じつは、100万語ぐらいのデータベースを生かした人工知能をつくったんですが、会話が続いても内容が面白くないんです。

私が個人的に実現したいなと
思っているのは、
「話をひたすら聞いてくれる」
ペッパーです。

やっぱり、会話ではお互いに意思というものがあって、その意思を読み取ろうとするから面白いんだと思います。会話の背後にある人の思いをコンピュータが感じることはまだ難しい。

今は、人から振り出した会話にはあっさり答えるようにしかできていませんが、ペッパーから振り出した会話はペッパーの意思を人が感じられるようにつくることで面白くなるように設計しています。

今後、人から振り出した会話でもコンピュータとの対話が面白くなるキラーファンクションだと私が個人的に思っているのが「聞いてくれること」なんです。

ペッパーをいろいろな方に見せてご意見を聞いていたとき、奥さま方から「ペッパーに話を聞いてほしい」って言われて。

「話を聞いて適切なアドバイスをするまでに、この先10年以上はかかるかもしれません」と答えると、「いえ、そんなことは期待していないんです」とおっしゃるんです。

為末 解決策を具体的に述べることを求めているのではないわけですね。

林 ええ。「今日、レジで割り込みされちゃってね」とか「隣町の八百屋さんで大根が10円安く売ってたのよ」とか、友だちに電話するほどのことでもない話を聞いてほしいということだったんです。

本当は旦那さんに話してスッキリしたいんでしょうが、旦那さんからは「で、何なの？」とか「10円ぐらい、いいじゃないか」と言われてしまう。

特に女性の方は、感情を整理するために言葉に出す過程を踏むような気がするんです。しゃべることによって脳がスッキリするというか……。

為末　そこでペッパーが「10円安い大根を買うためにバスに乗ったら、トータルでは損になりませんか」なんて言ってはだめなわけですね（笑）。

林　だめです（笑）。ちゃんと受け止めてくれて、共感をしてくれると、人は気持ちよく話せてスッキリしますから、結果として旦那さんと奥さんの不和もずいぶんと減るんじゃないかと思っています。その結果、出生率が上がったりするといいかな、と（笑）。

だけど、ロボットと人のコミュニケーションで、あまりにロボットが中庸に洗練されていくと、人が嫌な思いをすることが少なくなるかもしれません。「このロボットだけは自分を裏切らない」といったような……。

為末　ああ、「ロボット依存症」のようなことが起きるわけですか。

林　依存症はありうるでしょうね。だから、そのあたりはロボットとうまく接していかないといけない。

為末　みんなは自分のことを否定するけれど、このロボットだけはいつも自分を受け入れてくれる、と。

林　そうです。大事なのは、人が「このロボットはあくまでもツールだ」と認識していることだと思います。

ある面では自分よりもよくできたツールをどう使うのかを学習する必要があるし、それを学習する能力を人は持っていると思います。

為末　ロボットがロボットの領域にいる状態のまま、より進化していってくれるということが、人の幸福感を高めることに近づくということですか。

林　そうかもしれません。人のパフォーマンスをより伸ばせるようなロボットが売れていくでしょうし、そっちの方向に進化していくのが自然なんじゃないかという気がします。

反対に結果的に人をだめにしてしまうようなロボットは、ロボット市場に多様性があればあるほど最終的には排除されていくと思います。

ロボットは「人間がいないと生きられない」存在であるべき

為末　最後に、林さんはペッパーの価値というものを、どこに一番感じておられますか。

林　ペッパーが、相手の人のことを必要とし続ける存在であれば、価値があるんじゃないかと思います。

結局、人って、お金持ちになりたいとか新車やジュエリーが欲しいとか、いろいろ欲はありますが、それを達成したところでやっぱり孤独なんですよね。

けれども、人は誰かから必要とされると、存在価値を認めてもらえた気になって、心の充足感を味わえる。

為末 ペットなんかもある意味、そういう存在なんでしょうね。

林 そうだと思います。ペットの役割は、人を必要としてくれることなんじゃないかと。その意味でいうと、ペッパーもやっぱり完全に自立はしないで、「人間がいないと生きられないロボット」であるべきなんじゃないかと思ってるんです。

為末 人に役割を与えてくれるんですね。

林 そうです。ペッパーがきっかけで、落ち込んでる人が自信を取り戻せたらいいな、と。

ペッパーの価値というものを、
どこに一番
感じておられますか。

ペッパーが、相手の人のことを
必要とし続ける存在であれば、
価値があるんじゃないかと思います。

対談を終えて

林さんのお話で面白かったのは、なぜペッパーが人型である必要があったのかという点です。人に近い形をしたロボットに対してだからこそとるような振る舞いが、人にはあるわけですね。

そして、そのような振る舞いの情報を、クラウドコンピューティングに集約化していく。この2つが重要なんだと再認識しました。

対談に臨むまでは「ペッパーって、人に何をしてくれるんだろう」ということに関心があったんですが、むしろ「われわれ人がペッパーに対して思わずしてしまうことのほうに価値があるんだ」ということに気づきました。

やっぱり、人がペッパーに対してなんらかの人間らしさや生きものらしさを感じるからこそ、私たちの態度は変わっていくんでしょう。相手が四角い箱であれば、私たちの態度はそこまでは変わらないかもしれません。

前の東京オリンピックがあった1964年頃には、オリンピックを契機にカラーテレビが普及していきました。テレビは基本的に人に対して発信をするメディア。2020年の東京オリンピックを迎えるにあたって、ペッパーのような人のほうが働きかけるようなメディアが家に置かれようとしているのは面白いですね。

人間の感情や言葉などの情報が大量にクラウド上に収れんされていったとき、その集合知はどのようなものになっているのかも興味深いです。個人で経験しているような感情の機微なんかも、じつは全体の大きな揺らぎのごく一部でしかないことに気づくのかもしれません。

宮野 悟

東京大学医科学研究所ヒトゲノム解析センター長

遺伝子の全体を意味する
ゲノムなどの生命情報を
スーパーコンピュータで解析し、
個人の病気予防や治療に
役立てようとする研究が急速に進んでいる。
大量のゲノム情報を
読み取ることができれば、
症例の少ない難病や、
個人差のあるがんに対して、
より戦略的な治療が可能となる。
ゲノム科学技術がもたらす
医療のブレイクスルーと、
それにともなう倫理的課題とは。

人工知能が人智を超えた医療を実現する

宮野悟（みやの・さとる）
東京大学医科学研究所ヒトゲノム解析センター長、DNA情報解析分野教授。1977年九州大学理学部数学科卒業、1985年から87年にかけて西ドイツ・アレクサンダー・フォン・フンボルト・リサーチ・フェロー、1987年西ドイツ・パーダーボルン大学情報科学科助手、1987年九州大学理学部附属基礎情報学研究施設助教授。1993年同教授を経て、1996年より東京大学医科学研究所ヒトゲノム解析センター教授（現在まで）、2014年より、同センター長。理学博士（九州大学）。2013年、国際学会International Society for Computational Biology（ISCB）で日本人初となるフェローに選出される。

がん研究におけるスーパーコンピュータの果たす役割

90年代はゲノム科学は「三流」といわれていた

為末　宮野先生が、生命情報学《バイオインフォマティクス》の分野の研究をするようになったのは、どのような経緯からですか。

宮野　学生時代、九州大学で計算数学という分野の研究をしていました。当時の数学といえば、数学のノーベル賞といわれる「フィールズ賞」の対象になるような、代数幾何や位相幾何が花形でした。

3年生のとき、修士課程の先輩に「宮野くん、位相幾何なんて、これからは『落穂ひろい』の時代だよ。他人がやっていない分野を研究してみたら」と言われたのを真に受けて、読んできた本を全部捨てました。それで心が楽になって、情報科学の研究を進めようとしたら、数学の先生から「宮野くんのやろうとしている情報科学は、数学では落ちこぼれの人のためにあるような分野だぞ」と言われましてね。当時は、情報科学といった言葉すらあまり知られていない時代でした。

その後、１９９０年に、ゲノム情報を扱うゲノム科学の分野に入っていこうとすると、また周囲から「なんで、そんな分野に」と言われました。ゲノム科学も三流とされていたんですね。でも、十数年経って、そう言っていた方々にも、「宮野くん、情報科学の分野は盛んでいいね」とか「ゲノムって素晴らしいね」とか言われるようになりました。今は、ゲノムを生かした医療のための情報技術や、生命倫理の課題などに興味を持っています。

為末　医療のなかでも、がんを研究対象にされているんですね。

宮野　そうです。がんは3つの点から「ゲノムの病気」といえます。まず、DNAが関係します。両親からDNAを受け継ぐことで、個人により異なる遺伝的要因が生じるわけです。また、遺伝子の変異も関係します。私たちの命は、１個の受精卵から始まりますが、細胞が増えていくと、いろいろな環境要因によって、遺伝子に変異が蓄積していきます。これは、車にガタがくるようなもので、その変異が蓄積したDNAは「がんゲノム」と呼ばれています。

さらに、エピゲノムという構造も、がんの発生に関係しています。エピゲノムは、DNAがどう使われるかを制御する仕組みに関わっています。私たちの細胞内にあるDNAは、すべてが最初から読めるのでなく、ある年齢になるとある部分が読めるようになるといった仕組みがあります。雑誌のある部分が袋とじになっていて、ある時期が来るとそれがピッと切られてその情報が読まれるようなものです。でも、環境要因によって、まだ読まれてはならない袋とじの部分が読まれてしまったり、読まないといけない部分が閉じられてしまったりするのです。これも、がんを生じさせる変異のひとつとなります。

ＤＮＡ、がんゲノム、そしてエピゲノム。これらの個人差が、がんの悪性度や治療効果、また副作用の出やすさなどを決めていることがわかってきました。だから「がんはゲノムの病気」といえるわけです。

その人のがんの特徴を知るには、その人の正常細胞とがん細胞のゲノム情報が必要になってきます。その情報を得るために、情報科学を駆使するのです。

スパコンが12億ピースのジグソーパズルに挑戦

為末　正常細胞とがん細胞のゲノム情報を得るために、具体的にはどうしているのですか。

宮野　スーパーコンピュータを使っています。

まず、生物のゲノム情報を読み取るシークエンスという作業をします。読み取り装置のシーケンサーでＤＮＡを構成するＡ、Ｔ、Ｇ、Ｃの４種類の文字を読み取っていくのですが、文字列は、シュレッダーにかけられたように断片的に出てきます。その断片は、正常細胞で9億ピース、がん細胞で12億ピースにもなります。そこで、9億ピースや12億ピースのジグソーパズルをつくっていくかのように、スーパーコンピュータで元のゲノム配列を推定していきます。それによって、どこにがん特異的な変異があるか、どこに「私」の特徴的なＤＮＡの違いがあるかがわかり、「私」のがんの黒幕たちを暴き出すことができるようになります。

為末　9億ピースや12億ピースのジグソーパズル。スーパーコンピュータを使うといっても原理はわりと原始的なんですね。

宮野　まあ、原始的です。ハードディスクに対して膨大な回数のアクセスが必要になるため、通常の「京」などのスーパーコンピュータは、じつはそうした作業に不慣れなのです。そこで、私どものヒトゲノム解析センターのスーパーコンピュータは、膨大なアクセス回数に耐えうる仕様にしています。その計算処理能力は、東京大学の別機関である情報基盤センターのスーパーコンピュータと比べて4分の1ほどしかありませんが、処理ジョブ数はわれわれのほうが2桁上回っています。小さな大量のジョブを処理場に投げ込むようにして計算処理しているんですね。

勃興するゲノム解析ビジネス

遺伝子検査「MYCODE」始まる

為末　僕がアメリカで暮らしていた2011年頃、グーグルも出資する「23andMe」という解析サービスを受けたことがあります。細胞内のミトコンドリアを調べて、それによると僕は「南方から流れて日本にたどり着いたらしい」ということがわかりました(笑)。日本でも、DeNAライフサイエンスが「MYCODE」という遺伝子検査事業を始めましたね(2014年8月)。唾液を容器に入れて、ポストに投函すると、2、3週間後に検査結果を届けてくれるとか。宮野先生はこのMYCODEの共同研究者でもありますね。

宮野　DeNA創業者の南場智子さんが、私どもヒトゲノム解析センターの長をかつて務めていた中村祐輔先生に相談されたのです。ご主人が、ご病気の経験があり、「事前に予防することができなかったのか」という南場さんの思いもあったようです。中村先生を通じて私に話がありました。2013年7月に、南場さんと面会し、DeNAが会社としてこうしたビジネスをするという意思決定をしたのが9月末頃だったと思います。私たちのいる東大医科学研究所内でラボの工事があったのが翌年の1月頃。ＳＮＰアレイという分析装置なども設計して、タイムスケジュールに従って走ってきました。

1日で全ゲノムを読み取ることが可能

為末　事業を計画していくなかで出てきたアイデアにはどのようなものがあったのですか。僕なんかは、足が速いかどうかに関わる遺伝子を知りたいと思ってしまうのですが。

宮野　きちんと研究がなされたもので分析することを重視しましたね。正当な論文を選んで、本当に遺伝子型の確率が有意といえるものだけを用いました。科学的データが語った以外の要素は含めていません。それと、この遺伝子型を持っている人はほぼ確実にこの病気になると特定できてしまうような病気は避けています。

為末　予測を挟むようなことは入れないわけですね。

宮野　ええ。そもそも遺伝子検査の結果から導き出せるのは、「個人の予測」ではなくて「集団のリスク」なんです。たとえば、「普通の遺伝子型の人が1万人いたら確率的に1人が病気になるのに対して、この遺伝子型の人が1万人いたら確率的に1・5人が病気になる」といった比較でリスクが出されるわけです。このサービス自体に、「あなたは何年後どうなる」といった時間軸が含まれているわけではないんですね。

為末　病気だけでなく、身体的特徴なども調べることはできるんですか？　たとえば子どものとき、遺伝子検査をしたら、身長が何センチまで伸びそうか、とか。

宮野　それには1個の遺伝子でなく、複数の遺伝子が関わってくると思います。たとえば、車でも、燃料にどのようなガソリンを使うか、どんなエンジンオイルを使うかなどで、走り方も傷み方も違ってきますよね。人間の体も同じです。

為末　今、こうした遺伝子解析サービスで、1人分の全ゲノムを読み取る場合、どのぐらいの時間で読み取れるんですか？

宮野　読み取り、つまりシークエンスだけなら1日ほどです。お金はかかりますけれども。「ナノポア」という技術では、ナノサイズの穴にDNAを通してやり、そのとき、発生する電流が変化するという原理を使ってDNAを構成するA、T、G、Cの文字を読み取る技術も開発されています。

国内でも、大阪大学の川合知二先生たちの研究グループの研究成果に基づいて起業したクオンタムバイオシステムズというベンチャーが、トンネル効果電流変化を利用した独自のシークエンス技術を開発しています。

遺伝子検査の結果から
導き出せるのは、
「個人の予測」ではなくて
「集団のリスク」なんです。

コンビニでゲノム検査ができるようになる？

為末　どんどん読み取りが加速していくわけですね。

宮野　そうです。加速するとともに、コストも下がってきています。２０１４年の７月にマクロジェンという企業から「サービス案内状」が送られて来たのですが、そこには、「ヒトの全ゲノムを１０００ドル（約12万円）で解析」と書いてありました。解析に使われる「ＨｉＳｅｑ Ｘ Ｔｅｎ」という装置が１式10億円ですが、試薬台や人件費などを含めても、４年間で減価償却して１０００ドルでサービス提供できるという算段のようです。「１０００ドルゲノムの時代が来た」とうたっています。

為末　お金のある人だったら、研究者を雇って全ゲノムの読み取りまでできますか？

宮野　できますよ。たとえば、為末さんがご自分の全ゲノム情報のデータが欲しいというのであれば、日本では理研ジェネシスという企業が30万円ぐらいでやってくれます。

　じつは「１０００ドルゲノムの時代」というのも、アメリカは明確に立てていた目標なのです。２００４年に、国立衛生研究所（ＮＩＨ）が、ゲノム読み取り技術の開発に資金を投じました。そこでは、10年以内にゲノム読み取りのコストを１０００ドルまで下げるとうたっていました。２０１４年には実現したことになります。

為末　なるほど。

宮野　今後は先ほどの「ナノポア」などの技術があれば、ゲノム読み取り1時間以内で料金1万円といった時代に入るのは確実です。読み取りに使うチップはシリコン製で、ほとんど材料費がかかりません。

為末　そのうち、コンビニで、ちょっとDNAを採取して送付してといったこともありうるわけですか。

宮野　ええ、ありうると思います。

人工知能が個人の病気を診断する

為末　スーパーコンピュータで、がんは実際どのくらいわかるようになってきているのですか。

宮野　主要ながん約50種類については、ゲノムの変異のカタログがほぼできています。私どもも参加している国際共同プロジェクト「国際がんゲノムコンソーシアム」による成果です。ただし、対象となるのは、出現確率が5％以上という、わりと頻出する変異です。今後は、出現確率1％未満といった、珍しい変異も扱えるようにしようとしています。

為末　個人のゲノムの特質からその人の病気の傾向を診断するということですが、その先にはどんなことが視野にあるのでしょう。

宮野　将来的にやりたいのは、患者さんの全ゲノムを解析することによって「この人にはこの薬を」といった治療法を確立することです。

現状では、たとえば「乳がんに対してはタモキシフェン」といった具合に、臓器別に薬がだいたい決まっています。一方、「どういう病歴を持つ患者にどんな治療をしたら、どんなことが有効だった」という医療的なビッグデータとともに、患者さん個人の全ゲノム情報やタンパク質の解析結果、さらに代謝物質の計算などを組み合わせて、その人にとって最適な薬を出すという状況を実現したいのです。

その作業は、もはや人智を超えたものになると思います。既にアメリカでは、IBMの人工知能「ワトソン」を研究に使い始めています。がんゲノムの読み取りをすると、正常細胞のゲノムと300万カ所ほど異なる部分が出てきます。そのなかからワトソンが特定の患者のがんの原因になっている部分はどれかを確率的に導き出し、的確な治療法の候補を理由と共にランク付けして示唆するわけです。

為末　それは、ワトソンに治療法を聞くということですか。

宮野　最終的に診断をするのは医師ですが、ワトソンによる解析結果を見て、「よし、で

東京大学医科学研究所ヒトゲノム解析センター内に置かれたスーパーコンピュータ。室内は30℃以上。冷却のためのファンがうなり続ける。

はこの薬を」と判断するのが医師の仕事になります。

為末　将来的には、病気の情報を集めてきて、それらをスーパーコンピュータで解析して、「自動製薬」をするといった可能性もありそうですね。

宮野　あると思います。今も理論的に考えられる化合物の膨大な組み合わせのなかから、可能性の高いものを選んで、合成経路を導き出すための研究を、スーパーコンピュータを使って行っている研究者はいますよ。

　ビッグデータとスーパーコンピュータが一緒になって、新しい治療や創薬の方法が編み出されるといった世界が、あと10年先には来るのではないかと思っています。

倫理と法整備の課題

子どもの才能は遺伝子でどれだけわかるのか

為末　近い将来、全ゲノム読み取りに1万円ほどしかかからなくなるというお話もありましたが、それだけ、ビジネスが身近なものになると、倫理的な課題なども改めて議論する必要があるのではないかと思います。ＤｅＮＡのＭＹＣＯＤＥに協力されるうえで倫理的な議論はどのように進んだのですか。

宮野　東大医科学研究所にいる生命倫理専攻の先生たちに相談したり、経済産業省、厚生労働省、文部科学省などの省庁に相談したりしながら進めていきました。その結果として、非常に厳しい倫理条件でサービスが提供され始めたところです。

為末　厳しいというのは？

宮野　企業側はさまざまなビジネス用途に遺伝子解析技術を使いたい。研修者側もさまざまな研究用途に遺伝子解析技術を使いたい。ですので、方向性は合っているわけですが、私が恐れたのは、「遺伝子を使ったサービスや医療をやるべきではない」というような風

「遺伝的に足が速い」などと
言われても、
すごいアキレス腱をもたらす
遺伝子を持っているとかの
話ではないわけですね。

潮が社会に起きることです。今でも心配していますが。

為末　なるほど。国外では子どもの才能を調べるようなことがされているとも聞きますが、そういう類いのものですか?

宮野　ええ、そういうものは検査項目には入れないようにしました。たとえば中国には、「音楽的才能が優れている」といった結果を出すような遺伝子解析サービスもあるようですが、要は、耳がよく聞こえるといったレベルの話でしかないんです。

為末　じゃあ、「遺伝的に足が速い」などと言われても、すごいアキレス腱をもたらす遺伝子を持っているとかの話ではないわけですね。社会的リテラシーが醸成される前に、そういうものが始まってしまうと問題になる気がします。

宮野　そう思います。ですので、遺伝子に関するリテラシーを高める社会活動を、DeNAに支援してもらって進めているところです。

日本には遺伝子ビジネスの規制がない

為末　日本の企業が遺伝子関連ビジネスを始めようとする場合、許可申請はどうなっているのですか。

宮野　何もなく始められます。日本では、まったく規制がないのです。欧米にある遺伝子差別禁止法のような法律が日本にはありませんから。

為末　極端な話、会社が採用する人の遺伝子を検査して採用を判断するということもありうる？

宮野　それも日本では違法にはなりません。

為末　ちょっと怖いですね。「やけに自分、就職活動で落とされるな」と思っていたら、自分の遺伝子情報が流れていたとか……。規制がなければ、保険会社が加入者のＤＮＡ情報を入手して、肥満に関係する遺伝子変異をもっている人の保険料を高くする、といったこともできてしまいますね。

宮野　アメリカでは遺伝子差別禁止法により、保険や就職に関してそういうことが禁止されています。２００８年に制定され、２００９年に施行されました。でも、日本にはありません。

為末　もし日本でそうしたことをやろうとしたら批判は当然受けると思いますが、可能ではある？

宮野　可能です。

為末　黙って髪や唾液などを採取するのはやはりだめですか。

宮野　黙って採取するのは、まあ盗撮行為みたいなものですね。

為末　個人情報保護法などには触れるかもしれませんね。それにしても、日本には遺伝子差別禁止法に当たる法律がないとは。

宮野　ええ。遺伝子差別禁止法に当たる法律の制定を目指して努力された方々もいますが、反対する方々もおられたと聞いています。

為末　その人たちの反対の理由は何ですか。

宮野　「差別はそもそも存在しない」という立場をとっている議員の方々がいるそうです。こうした法律の話には触れたくない方々がいると私は聞きました。

為末　今後、そうした差別が起こりうるのだから、法律を定めておこうという考えを持ってもよさそうですけれど……。

宮野　その通りだと思います。

為末　医療だとさまざまな承認が必要ですが、遺伝子ビジネスにはそれがない。

宮野　たとえば、ＭＹＣＯＤＥなどのサービスは、ダイレクト・トゥ・コンシューマ（ＤＴＣ）と呼ばれますが、法律的には医療行為ではないのです。自分の体重などを測定するのと基本的には同じようなものと私は認識しています。また、医師の方々に、一緒にやりましょうと呼びかけても、遺伝学の知識を持った現場の医師はほとんどいません。

遺伝子関連ビジネスを
始めようとする場合、
許可申請はどうなっているのですか？

日本では、まったく規制がないのです。
欧米にある遺伝子差別禁止法のような
法律が日本にはありませんから。

為末　なるほど。

宮野　一般に医師の方々は、患者から「遺伝子検査を受けたらこういう結果が出たのですが、最近、調子が悪いのはこれと関係しているのですか」などと聞かれると困ってしまうわけです。

為末　基本的には、病気が発症した後の対処をするというのが医師の役割というわけですね。

東京メトロポリタン・ゲノム・センター構想

大量のゲノムデータを収集しているアメリカ

為末　海外の状況はどうなっているのでしょうか。

宮野　２０１４年にはアメリカで、「ミリオン・ゲノム・フェノーム・プロジェクト」という事業が始まりました。その中心を担っているのが、マサチューセッツ工科大学（ＭＩＴ）とハーバード大学が共同出資して創ったブロード研究所です。

この研究所は、2005年に500万ドル（約600億円）の寄付を基に発足しました。2013年に、参加機関に「プロジェクトをやろう」という委員会が立ち上がり、呼びかけを行ったところ、2014年4月の時点では150以上の参加機関が名を連ねていました。今はもっと増えていると思います。

為末 そのプロジェクトは、DNAなどのゲノム情報や自分自身の健康状態などの情報を大量に集めて、そこからこの遺伝子はこの病気に影響しているのではといったことが見えてくるということですか。

宮野 そうです。

2013年に、その研究所が読み取ったゲノムの量は、660テラバイトでした。しかし2014年には、その500倍の3000ペタバイトに到達すると見られています。

為末 なぜそれほど飛躍的にデータ量が向上するのですか。

宮野 やはり、大規模なゲノム読み取りを行える装置が出てきたからです。先ほどお話した「1000ドルゲノム」を達成した「HiSeq X Ten」では、1年間に1万8000人の全ゲノムを読み取ることができます。

為末 アメリカの感覚では、次の時代のすごく大きな波になると考えているんですね。

宮野 そうでしょうね。ほかにも、製薬会社のファイザーとDNA解析サービスの23an

ｄＭｅが共同で、潰瘍性大腸炎とゲノムの関係性を研究して創薬につなげようと、1万人の参加者を募集しています。

また、メイヨー・クリニックという病院と大学を併せ持つ総合医療機関が、10万人分の全ゲノム情報を管理して、電子カルテとリンクさせようとしており、そのための専用コンピュータ棟も建設していると聞きました。

都民全員のゲノム情報を集める仕組み

為末　日本では、これからどう展開がありますか？

宮野　舛添要一東京都知事が２０１４年3月に、「東京都で創薬特区ができないか」ということを述べられ、「ブレインストーミング的に考えを話してください」と彼のタスクフォースの方々に言われたので、「東京メトロポリタン・ゲノム・センター」と名づけた構想を語ってきました。

為末　それは、どのような構想ですか？

宮野　「医科学研究が創薬と医療へ変わる最前線となる」というミッションを掲げています。このセンターを中心に、研究機関、病院、企業、東京都がコンソーシアムを形成しま

東京メトロポリタン・ゲノム・センター

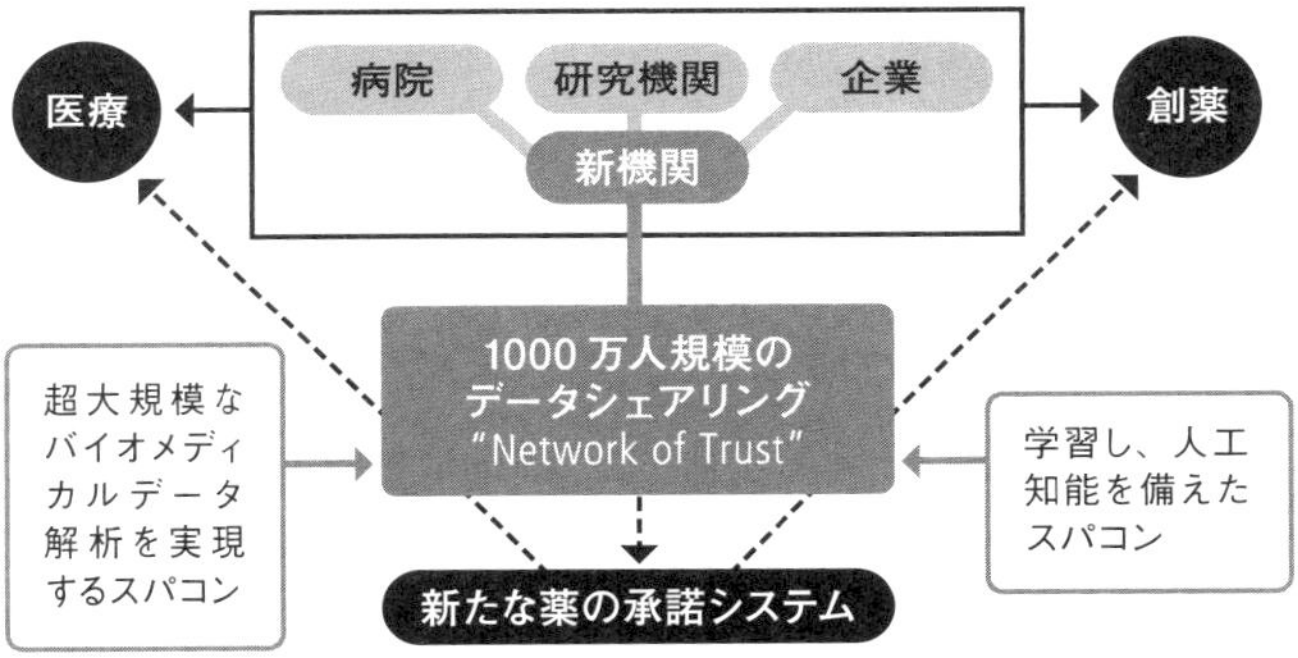

東京大学医科学研究所ヒトゲノム解析センターの資料を基に作成

す。そして、情報技術、生命科学、医学を融合して、ゲノム情報の解釈や翻訳の機能を生み出し、かつ、イノベーションを起こしていくなかで議論されるべき生命倫理についても発信する場所となります。

為末　なるほど。

宮野　その際、「データ信託」という考え方も紹介しました。自分のゲノム情報や健康情報をゲノム・センターに信託すると、たとえば1年間で50ドルなどの金額がもらえるといった仕組みです。

為末　実験に協力して、ちょっと協力金をもらうようなことと似ていますね。

宮野　そうですね。ここでは「参加型の創薬・医療」というのがキーワードです。たとえば、「この病気のためのこういう薬の開発をしたいのですが、協力していただける人はどうかご参加ください」といったかたちで参加者を集めるのです。

為末　クラウドファンディングのゲノム版みたいですね。

宮野　そのとおりです。たとえば1000万人ほど参加者が集まれば、10万人に1人といった希少疾患の人でも100人は集まることになります。従来、1例や2例しか対象者のなかった研究も、100例集まれば、大きく前進します。

その際、インフォームド・コンセントが必要になりますが、イギリスでは「商業目的の利用はよいですか」などと書かれた紙一枚のチェックだけで済むようになっています。ケンブリッジ大学の医学部の共同研究者に尋ねると、「一度もノーと意思表示されたことはない」と言っていました。アメリカではフェイス・トゥ・フェイスでインフォームド・コンセントを受けることに替わって、現在は、タブレット端末を使った「Eコンセント」も広がっていきつつあります。

「参加型の創薬・医療」により、「1000万人の全ゲノム情報のデータシェアリング」をしていく計画です。もっとも舛添知事には「東京都の人口は1300万ですよ」と言われましたが。

これだけの数の全ゲノムを解析するには、やはりスーパーコンピュータが不可欠です。

1人ひとりのがんを戦略で打ち負かす

為末 最後に、がん治療の未来像を聞かせていただけますか?

宮野 がんは「早期発見して手術して取れば大丈夫」とよく言われますが、原発から浸潤、転移と、がん細胞はどんどん変わっていっているわけですね。

しかも、がん幹細胞というがん細胞をつくる幹細胞や正常な細胞である血管内皮細胞、また免疫炎症系の細胞などと仲良くしながら、薬剤耐性を獲得して、時空間で進化するヘテロな細胞集団なのです。複数の原発が同時に進化するということもあります。こういうことは研究者が直感的に感じていたことなのですが、そのメカニズムが現実的にわかるようになりました。

九州大学病院別府病院外科の三森功士先生とやった研究で、10センチくらいある大腸がんで二十数カ所のゲノム解析をしたところ、がんの進化の系統樹が描けました。

為末 がんがどういうふうに発生して進化していったかということですか。

宮野 そうです。DNAの塩基配列のなかでタンパク質合成の情報を持つ部分だけを対象にしたエクソームの分析なので、調べたのは全ゲノムの2%以下ですが、がんがどう変わって進化していったかというのが見えてきました。

この大腸がんは肝臓に転移していたのですが、それがどの部分から転移したものかもわかりました。さらに、機能別に遺伝子をカテゴリーに分けると、二十数カ所の部位でその発現が上がっているところとそうでないところがあって、一口に大腸がんといっても実に複雑なのです。

大腸がんでは関係ないと思われていた遺伝子の変異が、実は大腸がんの原因にあったということもわかってきました。ゲノムを網羅的に調べれば、その患者さんの次の治療方針を決めたりすることができるようになります。

為末 データベースから治療の方法を考えるということですね。

宮野 将来はゲノム解析のコストがぐっと減って、スーパーコンピュータの能力もどんどん上がっていきますから、現実的にこういう治療法が可能になると思います。

じつはわれわれの血液中には、がん細胞が壊れて出てきたDNAがしみだしてきているんですよ。これを「セルフリーDNA」と呼んでいるのですが、それを捕まえてきてシークエンスすることで、超早期のがんを検出するといったこともすでにアメリカではあるベンチャー企業が取り組んでいます。

為末 それはマーカーのようなものですか。

宮野 マーカーのひとつですね。

為末 余命宣告されるほど進行したがんが治る人が実際にはけっこういるということを聞いたのですが、その人たちのDNAのシークエンスを取って調べれば、なぜ治ったのかが科学的にわかったりするのでしょうか。

宮野 わかると思います。今まではシークエンスのコストが高く、データ解析のための計算資源を膨大に必要としたので不可能でしたが、そのボトルネックが少なくとも解消されれば。

為末 そうなれば代替治療の科学的な効果も測定可能になると？

宮野 そうですね。ゲノムだけでなく、エピゲノムの状態だとか、そういうのも全部見えてくると、ずいぶんと違ったことになる。ある意味で、エピゲノムを変えようと思ったら変えられますからね。

為末 環境を変える。

宮野 環境を変えて、つまり化合物などでDNAを化学修飾することで治療するという考え方もあります。千葉県がんセンターの永瀬浩喜先生たちがしぶとく20年ぐらいやっています。

為末 がんを叩くのではなく、直接的にDNAのほうに働きかけるということですね。

宮野　ええ。がんが進化するということはみんなわかっていたのですが、どんなふうに進化するのかという実態が見えてきたのはごく最近のことです。そこからわかったのは、がんはじつに多様な細胞からできていて、全体に同じがん細胞が広がっているのではないということです。

為末　がんという病気はとても複雑なんですね。

宮野　今、肺がんの治療に「イレッサ」という薬が使われています。患者さんは、イレッサを3カ月飲み続けると、一旦はがんがなくなったかのようになります。しかし、残念ながら、しばらくするとまた別のゲノム変異などが起きうるのです。あるいは、表に見えていなかった細胞群が出てくることもありえます。敵将の首を獲ってその地を統治できるものと思っていたら悪いやつがたくさん出てきたというような状態ですね。

為末　暴力団対策法を実施してみたらチンピラが増えちゃったみたいな感じでしょうか。

宮野　おっしゃる通りです。がんの多様性を、エピゲノムレベルまで捉えることができれば、その患者さんに対して「分子標的薬をがんの部位のどこに打っておいて、次にこのがんの部位をやっつければ、安定して統治できます」といったような作戦を立てられる時代が来るのではないかと考えています。ゲノムの読み取りと、解析技術、それに蓄積される知識が重要となります。

為末　敵全体の組織図が見えてくるような感じですかね。

宮野　ええ。これまでのがん研究は、主要な変異を一生懸命探すことに重きが置かれていました。希少がんの変異を探すフェーズが、これから2、3年は続くでしょう。

さらに先を見ている研究者たちは、今、私が言ったような作戦をどうやって立てればよいかを研究するためのデータを集める仕組みづくりから始めると思います。実際、アメリカではそうしたことが行われ始めていますから。

為末　大体いつ頃には、そうした作戦を基本とする治療になっていくのでしょうか？

宮野　アメリカでは２０２０年と言われています。ただし、すでに試験的にはやられていると思います。

為末　そうなんですね。

宮野　まだ誰もが受けられる状況ではないと思いますが、特にＩＢＭの人工知能「ワトソン」の進歩などは目覚ましいものがあります。

為末　日本でも、人工知能の部分を開発しようといった動きはないのですか。

宮野　国内の企業でも「やりたい」とは言っているのですが、難しい面はあると思います。

為末　どうしてですか。

宮野　今、抱えている技術で十分に食べていけることもできますから。企業の研究者は「人材的にはできるが、技術的には米国企業などに特許を押さえられているので、そこを避けながら開発するのはつらいところがある」と言っていました。

それでも、日本でもこういうことを実現したいなという思いはあります。ＤＮＡの読み取り情報、臨床情報、画像情報。がん治療は情報が鍵ですから。

対談を終えて

ＤＮＡの解析が進むとなると個人の情報が全部わかるようになるのではないか、という恐れがありましたが、まだそんな段階ではないということにほっとしました。時間が経てばいろんなことがわかってくるのは確実なので、そのときのことも考えておかないといけないとは思います。

僕が個人的に懸念しているのは、スポーツの世界が競馬のように、配合や血だけで決まってしまうようになることです。スポーツなどでは自分がいったい何に向いていてどんな能力があるかわからないからこそ、「もしかしたら」「いつの日か」という希望が持てて努力できる側面がありますが、もしＤＮＡで何もかもわかってしまったら……。

ＤＮＡ以外の環境要因は想像以上に大きいと僕は思っていますが、実際はどの程度なのか。そんなことに思いを巡らせながら対談をしましたが、宮野先生の研究人生そのものもかなり環境に左右されながらこのＤＮＡの世界に行き着いたというお話を聞いてなんだか少し安心しました。やはりどこまでいっても人間は出会いと偶然に翻弄され、それがまた人生をエキサイティングにしてくれるでしょう。

中邑賢龍

東京大学先端科学技術研究センター教授

東京大学先端科学技術センターと
日本財団が進める
異才発掘プロジェクト「ROCKET」は、
突出した能力があるものの
現状の教育環境に馴染めず、
不登校傾向にある小・中学生たちに
学び、生きる場を提供するプログラムだ。
2014年の開始以来、将来の日本に
イノベーションを起こしうる
異才を育む教育として、注目を集めている。

突出した才能には教科書も時間割もない教育を

中邑賢龍（なかむら・けんりゅう）
東京大学先端科学技術研究センター教授。異才発掘プロジェクト「ROCKET（Room Of Children with Kokorozashi and Extraordinary Talents）」ディレクター。1956年、山口県生まれ。広島大学大学院教育学研究科博士課程退学。1984年、香川大学教育学部助手。1986年、香川大学教育学部講師。1986年、香川大学教育学部助教授。1992年、米国カンザス大学・ウィスコンシン大学客員研究員。1996年、英国ダンディ大学客員研究員を経て、2005年より東京大学先端科学技術研究センターへ。特任教授を経て2008年から現職。

非日常やどんでん返しで才能を引き出す

「グズはグズとして堂々と生きればいいんだ」

為末　中邑先生は、僕の本（『諦める力』）を読んで、「東大の先端研で一緒にやらないか」と誘ってくださって。それで僕はＲＯＣＫＥＴのプロジェクトに参加させてもらうことになりました。

中邑　そうでしたね。

為末　お話をいただいたとき、「僕は認知心理学といった分野にとても興味はあるけど、学問のバックグラウンドはありません。それでもいいんですか」ってお聞きしたら、「いいですよ」って言っていただいて。

中邑　僕はね、「変な人」をいっぱい集めようとしていたわけですよ。

ここに来ている子たちも、親御さんから「この子は変だけど、これってひょっとして特別な才能なのかもしれない」と思われているわけです。僕は、そんな子どもたちのユニークさを認めていきたい。それで、「お前たちは変だっていっても、まだ大したもんじゃない。

為末さんを見てみろよ！」って言えるわけです（笑）。でも、それだけじゃなく「変でも、堂々と生きているでしょ」とも子どもたちに言っています。

為末　確かに、僕も含めていろんな変な大人がＲＯＣＫＥＴに参加していますよね。

中邑　ええ。目が見えず耳も聞こえないけれど東大の教授をされている福島智先生。バリアフリーの研究をされている方ですね。障がいのある子が福島さんに「僕は人と同じようにできないんです」って言ったら、「グズはグズとして堂々と生きればいいんだ」っておっしゃってました。人と同じでないことは悪いことではないんです。あの長持ち乾電池の限界にチャレンジするロボットの「エボルタ」をつくった高橋智隆さんにも加わってもらっていますが、誰の意見も聞かず1人でロボットをつくり続けています。それからデザイナーの鈴木康広さん、オペラ演出家の佐藤美晴さん。皆やっていることが面白いんですよ。

為末　僕も以前、走るということをテーマにした授業をさせてもらいました。実際に走る前に子どもたちとしゃべっているときは、子どもたちはあまり反応なかったんですが、僕が体を動かして走りを見せた途端、「このおじさん、めちゃくちゃ足速かったんだ」って顔に変わって（笑）。それから僕の言うことを聞いてくれるようになりました。

中邑　自分の知らない大人が来ると、「おじさん、何やってる人なの」ってまず聞きますからね（笑）。

為末　そのときしゃべったなかに、「心理学をやっていくと、すごく深いところまで行けるんじゃないか」って思える子がいました。

中邑　Nくん、だな。

為末　昼ごはんを食べているとき、スススーってやってきて、僕の書いているブログについて「僕には疑問に思うことがある。この記事に書かれているのは、こういう意味なんじゃないか」って言ってきたんです。大人がもたないような視点で鋭く突っこんできた。疑問に思っていることがすごい。

中邑　彼は、もともと「人の価値なんてロボット以下だ」って言い張ってたんです。でも、おじいちゃんが病気で集中治療室に運ばれて、チューブにつながれて延命処置を受けているのを見て「死んでほしくないって思った」って言うんです。大好きなおじいちゃんの死を通して、彼は人の価値というものに対してさらに深く考えるようになったのだと思います。

知識はユーチューブでも入ってくるけれど

為末　今はＲＯＣＫＥＴで、どんなことに取り組まれてますか。

中邑　このあいだ「牡鹿の角をゲットしよう」ということで、子どもたちと北海道の十勝原野へ行ってきました。「熊に食われるんじゃないか」「熊よけスプレーを買おう」「でも1万円もする」なんてわあわあ言ってたのですが、「熊笹の中からいきなり熊が出てきたら、お前たち食われるぞ」と言ったら、歩くのは諦めて「馬に乗って原野に入ろう」ということになりました。それで馬に乗るトレーニングを1週間受けました。

さっきのNくんは、動いてくれない馬に向かって本気で怒っていましたね。「馬鹿野郎！　なんで動かないんだ！」って。引っ張っても馬は動かず平然としている。すると今度は「どうして俺はこんな馬鹿なんだ！　馬とも会話できない！」って、自分に対して本気になって怒るんです。

為末　彼は13歳か14歳ぐらいですよね。

中邑　中学2年生ですね。

為末　それで角は獲れたんですか。

中邑　いろいろありましたが、子どもたちは見事に牡鹿の角を3本ゲットしました。

為末　ROCKETでは子どもたちに、非日常的な目的を与えて、それに挑戦させますよね。そういうやり方は、どうやって思いつかれるんですか。

中邑　今は学校に行かなくても、ユーチューブを見れば知識がどんどん入ってくる時代で

牡鹿の角を獲りに行くという「授業」。熊に襲われないようにと子どもたちが相談して馬に乗っていくことにした。

す。彼らにそういう教育をしてもしょうがないって思ってるんですよ。

彼らが、「突き抜けている」と言っても、同じぐらいのレベルの子はじつはたくさんいるでしょう。そこからさらに抜け出るには、やっぱりちょっと違うものが要るんだろうなって思っているんですよね。

それに気づかせてあげることが重要だと私は思っています。

為末　そういうものを引き出すための非日常なんですね。

目的達成の先にどんでん返しを与える

中邑　子どもたちには、そんな感じで目的があるかのように見せてるんだけれど、私たちが本当に伝えたいことはその先にあると思ってるんです。

為末　その先、ですか。

中邑　何かの目的を達成しても、そこでどんでん返しが待っているというようなことがじつは重要なんですよ。

たとえば、ここでは古い椅子を再生させるプロジェクトというのがあって、子どもたちは美しく椅子を再生させます。「やった、できたぞ先生」って持ってきますよ。そうしたらスタッフも「教え方がよかった」と喜ぶ。でも、そこまでなら普通の学校でやってることとあまり変わらない。

為末　そうですね。

中邑　普通の学校でやらないのはここからです。私は、子どもたちがつくった椅子をもう一度、バラバラにしようと思っています。

為末　ええ、バラしちゃうんですか。

中邑　そうです。もとの椅子をバラすと、化学接着剤の他に、黄色くてポロポロしたものが出てくるんです。これは膠《にかわ》なんですね。「君たちはこの椅子を直すのに何を使った？　スタッフに用意してもらった化学接着剤だろう。それを使ったら簡単にくっついたかもしれない。でも、もともとこの椅子は膠というものでくっつけていたんだよ。そう、その黄色いポロポロしたやつだ。なぜ昔は膠を使ったんだろう?」と問いかけられる。そういう問いかけがすごく重要なんだと思うんですよ。

為末　完成させて目標達成と思っていたら、さらに問いが待っていた。

中邑　そういうことをする大人が今はいないんです。

私は「大人が子どもの鼻っ柱をへし折る教育」が、これからは必要と思っているんです。子どもたちをけちょんけちょんに否定するんじゃなく、言われて「くそー。でも先生の言っていることは、合っているかもしれない」っていう思いにさせるんです。そのギリギリのところの教育を探してみたいと思うんです。

現行の教育で8割までの子どもはカバーできる

為末　そういうことが重要だと思うようになったきっかけは、どのあたりにあったんですか。

中邑　今、教育の現場では一斉指導で、効率よく子どもを育てるというやり方が行われています。そのやり方に世の中の8割の子はそれに合わせられるんです。

でも、自分のペースでやりたい子や、コーチなしに1人でやりたい子もいるんです。

為末　1、2割はいますよね。僕もそっちだった（笑）。

中邑　自分で好きにやりたいことを、やるなと矯正されたら、たぶんその子は潰れていくんだろうなって思うんです。

好きにやりたいことをやっていいと認める場をつくることが、そうした子どもたちの幸せになるし、社会にとってもイノベーションが起きやすい未来につながるだろうと思ったんです。

「好きにやりたい」人を「育てよう」としてはならない

「自分らしいところ」を否定されない場をつくりたい

（ROCKETスタッフがお茶受けのお菓子を出す）

中邑　これ、包まれているお菓子をそのまま出すのが気に入らないな。包みから出したほうが、絵写りはいいよ。

（スタッフ、包みから出したお菓子を再び出す）

中邑　うーん。この盛りつけ方ももっと考えたら、面白くなると思うよ。積み木みたいに積んでいって、崩れそうな危うさを出すとかさ。

為末　盛りつけ方……。

中邑　ここの子どもたちに「お菓子の盛りつけで驚かせて」って言うと、1時間でも夢中になって盛りつけ方を考えますよ。そこまで夢中になることが、普通の人にはできないんです。

為末　中邑先生自身は、子どもの頃、どんな感じだったんですか。

中邑　私も変わった子だったみたいです。家族から「横口出す夫」ってあだ名を付けられて。お客さんが来るのが大好きで、親父と一緒に居間に座って、お客さんに横からしゃべり出す。親父に「あっち行ってなさい」って言われると、ドアの向こうで話を聞いていて、どこかのタイミングでまた居間に入って、また横からしゃべってやろうと狙っていたり。

為末　社交的な子？

中邑　というか変わった子だったんでしょうね。でも「お前、そんなことやっちゃだめだ」とは言われなかったんです。そこで否定されていたらすごくつらかっただろうなと思うんです。そういう自分らしいところを否定されない場をつくりたいという思いが今やっていることともつながっているんでしょうね。

教科書も制限時間もない学びの場

為末　「好きにやりたい子たち」を認めてあげるということですね。実際ＲＯＣＫＥＴで、好きにやりたい子どもたちに、どんな教育をしているのか、改めてお聞きします。

中邑　まず、教科書はありません。安全を確保するために最低限必要なことは教えますが、それだけです。

この前は、「よし、イカ食うぞ」って、イカとハサミを子どもたちに差し出したんです。異才発掘プロジェクトに来る子たちでさえ、「どうやって切るの」って聞くんです。「マニュアルはないですか」って。「食うんだから、思うように切れ！」って言うと、縦に切る子もいれば、横に切る子もいる。いろんな切り方をして、実際イカを焼いてみると、筋繊維の方向によって、反ったり丸まったり、焼き姿が違ってくるんです。

これを最初から、「イカを焼くから、みんな串に刺して」と画一的に教えていたら、何も変化が起きませんからね。

為末　最初から教えないで考えさせるということですね。ほかにも大切にしていることはありますか。

中邑　時間制限を設けないことですね。お昼ごはんを2時過ぎに食べている子もいます。あの子たちは、ひとつのことに取り組むと「もう、それしか見えない」という状態になります。それを「はい、ここまで。ご飯の時間だから」としてしまっては、何も残りません。

時間も気にせずに、好きなことに集中することのできる場は、世の中に必要なのではないか。そういう場から、生まれてくるものもあると思います。

為末　それをやるには、大人の側も大変ですよね。大人の考え方も変わっていかないと、そういう教育にならないわけで。

中邑　そうです。よく「多様性が大切」って言われますけれど、じゃあ「次、誰と何をするかがわからないような仕事ができますか」という話ですよ。多様性を受け入れるってかなり大変なことですよ。自分が変わっていかなければならないから。

為末　「教育を変えなければ」って言っている人ほど自分が変わることに抵抗があったりして。それだと微調整はできても根本的な変化は難しいですよね。

中邑　そうですね。特にROCKETでやっているような教育は、大人が覚悟を決めていないとできない取り組みだと思います。

「教育を変えなければ」って
言っている人ほど
自分が変わることに
抵抗があったりして。

「育てる」のではなく「潰さない」

為末　システマティックに、授業計画通りに進めていく仕組みは、好きにやりたい子どもたちを排除することにもなってしまいますね。

中邑　好き放題にしていいということになると普通の授業が成り立たなくなりますからね。

為末　普通の学校の教室の中では無理かもしれないけれど、そういう人が受容されるような余白をどこかにつくることが重要になってくる気がします。

中邑　そうなんです。今の社会では余白がなかなか認められていない。

ＲＯＣＫＥＴに参加してもらっているデザイナーの鈴木康広さんが、「僕は今大学で教えているけれど、先生って決まった時間に教室に行かなきゃいけないんですね」って言うんです。「当たり前じゃん」と返すと、「それがつらくて。僕、朝起きたら『今日はなにしようかな』って考えて、『これにしよう』って思ってから初めて動き出すもので」って言うんです。「そんな生活を30年以上やってきたの？」って聞くと「はい」って（笑）。

為末　アスリートの世界でも、個人競技の人には似たところがある気がします。もちろん、用意された練習プログラムをこなしていくのが好きっていう選手もいるけれど、明日の自分が何を思うかわからないっていう選手もいる。そっちのほうの選手は余白をもっていないといとだめなんです。

中邑　鈴木さんと為末さんは、わりと似ているんだ。

為末　気持ちはわかりますね。立てた予定をこなすのでなく、そのときの自分の発想に素直でいるほうが大事っていう気分になるんですよね。

中邑　会社だと「なんで今日、来ないの？」って聞かれて、「今日は気が向かないので」って返事するようなものか（笑）。でも、そうやって生きるからこそ、すごい能力を発揮できる人もいるってことだと思います。

為末　大きな社会的価値を生み出す人の多くは、僕の見た感じだと、ドロップアウトしていたり、アウトサイダーだったり、要は「はみ出ている」人たちなんですよね。

そういう人たちって無目的なところでしか育ちづらいんですよ。他人の目的に合わせることができない人たちだから。そういう人たちにどう余白をつくるかっていうのは、教育の大きな課題だという気がします。

中邑　異能は「育てる」のではなく、「潰さない」ことが重要なんですよね。

為末　潰さないということですか。

中邑　教育っていうと「育てよう」となる。でも、育てようとすればするほど潰してしま

異能は
育てるのではなく
「潰さない」ことが
重要なんです。

うんです。

為末　「育てる」っていう意図が、そこに入っちゃいますもんね。

好きなようにやらせてひたすら待つ

中邑　昔、恩師から言われて中学2年生の不良少年の面倒を見たことがあるんです。ブドウの房みたいな髪型に、ラメ入りのサンダル履きで、がに股で歩いているような子でした。

為末　へえ。

中邑　「お前、人の話ぐらいちゃんと聞けよ」って言ったら「うるせえな！」ってけんかになる。しょうがないから「俺に一回だけ付き合え。お前の好きなゲーム好きなだけしていいし、食べものも好きなだけ食べていい」って言ったんです。で、一緒にゲームしたり飲み食いしたりして過ごしたんですよ。そしたら「面白かった！」って。そこで、「じゃあな」って言うと、「先生、来週も来てやってもいいぜ」って（笑）。そうやって彼と1年ぐらい遊びまわったんですね。すると3年生の2学期に、「先生よぉ、そろそろ勉強したほうがいいんじゃねぇの」って。

為末　少年のほうが言い出した。

中邑　これには「お前、マジか！」って驚いたけれど、「マジに決まってるじゃん。俺だって高校行きてえし」って。

為末　そういう話を聞くと、やっぱり鍵は「待つ」っていうことなんですかね。なかなか社会の側が待てないんでしょうけれど。

ＲＯＣＫＥＴに来る子たちは、「宇宙の謎を解くんだ」とか「小説を書くんだ」とか、自分の将来を決めていて自信満々に見えるんだけれど、一方で一緒に走ると、「思ったように自分の体を動かせない」って言ったりもする。自信と自信のなさと、両方を強く持っているんだなと感じました。

中邑　自分の自信のなさをカバーするため、他人を攻撃することもあります。ものすごい口げんかもありますよ。

為末　その自信のなさは、学校や社会での評価から来ているのが大きいんですかね。

中邑　そうですね。国社数理英の５教科で評価されると、音楽、美術、体育、技術家庭などの実技系が得意な子は浮かばれない。数学だけは抜群にできるけれど、他教科はまったく興味がないという子も評価されない。そういう子たちは行き場を失っていくんです。苦手なことを克服するのも大事ですが、その子に突き抜けた才能があるならば、それがきちんと評価される場をつくっていくべきなんです。

テクノロジーが「好きなことをして生きていく」ことを可能にする

諦めることを認める社会

為末　そういう一部分に突き抜けた子は、実際どう過ごしているんだろう。

中邑　字を書けない子が、教師から「書け、書け」って言われて、「書けないんだよ、俺は」って言うと、「それは甘えだ」と言われてしまう。

為末　挫折してしまいますね。

中邑　ええ。その子のもって生まれた特性がそうなんだから、頑張ってできるようになる話ではないんです。

でも、私も初めは、そのことに気づかなかった。私が研究の世界に入ったのは、重い運動障がいと知的障がいの両方を持った「重度重複障がい」の子たちと関わりをもったことがきっかけでした。それまでの私は、頑張れば何でもできると思ってたんです。だから、そういう障がいを持った子にも「何でこれができないんだ」という態度で接していました。ある子が悲しい目をして「うう……」って訴えてきたんです。「え？　何？」と聞くとまた

「うう……」って言うだけなんですど、「そうか、わからなくてごめんな。じゃあ、最初ならいくよ。あ、か、さ……」って五十音のア段を順に言っていくと「うう……」って合図を出す。「あ、さ行だな。よし、じゃあ、さ、し、す、せ……」と順に言っていくとこんどは「す」で「うう……」と声を出す。「そうか、す、だな」と。そんな調子でその子の聞きたいことがわかったんですよ。そうか、急いでもしょうがないんだと。それで初めて「人にはその人のペースがある。ここでかける言葉は『頑張れ』ではないんだ」って思ったんです。「その人が今ある状態のなかで、何ができるか、何が伸びるか」を考えていこう、と。

為末　先生にとっては、大きな気づきだったんですね。

中邑　衝撃的でした。

だから、為末さんの「諦める力」というのがすごく大事だと思ったんです。いま、教育やリハビリテーションなどの世界には「頑張れ」っていう方向の言葉しかないけれど、できない状態をまずは受け入れる、諦めることを認める社会はとても重要なんです。

為末　できないことをできるようにするだけでなく、できないことを認めるという方向性ですね。

中邑　そうです。少しだけ明るいと思えるのは、テクノロジーの進化によって、自力ではできなかったことができるような時代になってきたということです。たとえば書くのが苦手な人は、音声認識で文字が出てくるし、計算が苦手な人にはすでに計算機があるし、外に行くのが苦手な人は家で仕事をするための環境が整っています。逆に事務所や家がなくても生きていける仕組みもある。新しいテクノロジーやそこから生まれるサービスを使いこなせば、個人の可能性は広がりますね。

為末　時代が追いついてきた。時代の後押しっていうのも大きいんですね。

中邑　大きいです。

一つの仕事にしがみつかなくてもいい

為末　２０２５年頃の教育について、どんなふうになっているといいと思われますか。

中邑　まず、真面目な人がコツコツ学べる、今の学校システムは維持されていてほしいです。そうしないと世の中は回りません。けれども、そこからはみ出た人たちが潰されずに、「好きなことをして生きていく」ことを選べる社会が実現できるといいなと思います。実際そうなっていくのではないかと。

為末　先ほどのお話のようにテクノロジーも人間の能力の一部として考えられるようにな

「いろいろな人生」を
持っている人が
たくさんいるっていうことが
大事なんですよね。

仕事がもっと
流動化していけば、
「好きなことをして
生きていく」がもっと楽になる。

れば、すべてが平均的にできることよりも、その人にしかできないことで突出していることのほうがむしろ大事になってきますよね。社会について、変わるといいなと思うことはありますか。

中邑　仕事に安定を求めるというか、終身雇用制のほうがいい、という風潮ですね。ひとつの仕事にしがみつくことなく、仕事がもっと流動化していけば、「好きなことをして生きていく」がもっと楽になる。

アフリカのある村に行ったとき「どんなふうに暮らしてるの」って聞いたら、「いろいろだよ」って言う答えでした。「素敵だな」って思ったんです。

為末　「いろいろな人生」を持っている人がたくさんいるっていうことが大事なんですよね。

中邑　そうです。1人のなかでも、いろんなことを楽しんでいるっていう。為末さんも、スポーツのほかに、いろんなことに興味をもっていると思います。「いろいろな人生」を実現できる社会がいいですね。週1日はケーキを焼いて売り歩くとか。

為末　そうですね、興味の幅をより生かせる社会ですね。ケーキはまだ焼いたことないですが（笑）。

対談を終えて

中邑先生に、ROCKETのプロジェクトに誘われたとき、先生がどんな研究をされているのか、深くは知りませんでした。でも、お話を聞いていると、参加している子どもたちが、僕自身と重なっているところがあるなと思ったんです。「普通」からはみ出ているというところが。実際に、子どもたちに会ってみると、普通の子どもとはぜんぜんちがいました。すごく賢いし、黙っていられない。こっちがちゃんと話すと、彼らも話してくれる。大人が先入観をもって接すると閉じてしまうんですね。

これまでの対談で、いろんな方から聞いた話からすると、日々の決められたことをこなす役割は、たぶん人工知能が担っていくようになる気がします。その分、個々のクリエイティビティの価値は高まっていくのでしょう。たんたんと日々の仕事をこなせる人の存在も大事だけれど、突出したクリエイティビティを発揮できる人の存在もより大事になっていくと思います。ROCKETに参加するような子どもたちは、今は自分を肯定し、好きなことにもっと集中して才能を伸ばす段階にあるんだと思います。他方で、異才には社会的な意義もあるということにも、これから目覚めていってほしいです。

中島 宏

ディー・エヌ・エー執行役員 オートモーティブ事業部長　ロボットタクシー社長

自動車領域の市場規模は、
駐車場やガソリンスタンドなどの
関連産業も入れると、50兆円ともいわれる。
さらにこれから10年、20年は異業種も
入り乱れての激動の時代を迎えそうだ。
グーグル、アップルをはじめ日本でも
ディー・エヌ・エーが
いちはやく名乗りを上げた。
2020年走行を目指す
無人タクシーのサービスである。
高齢化、人口減が進む
地方自治体からの期待も高い。

2020年の実用化目指す無人タクシー

中島宏（なかじま・ひろし）
ディー・エヌ・エー（DeNA）執行役員、オートモーティブ事業部長、ロボットタクシー社長。大学卒業後、経営コンサルティング会社へ入社。2004年12月DeNAに入社。外部企業のIT戦略立案を担当後、広告営業部署のグループリーダーを経て、新規事業の統括を担当する社長室室長に就任。2009年4月執行役員兼新規事業推進室室長に就任。2011年9月執行役員兼ヒューマンリソース本部本部長。2015年5月より現職。「ロボットタクシー」は、「自動運転技術を活用した旅客運送事業のための研究・開発及びソリューション・コンサルティングの提供」を事業内容としている。

モータリゼーションの時代がもう一度やって来る

為末　DeNAは本当にいろんなビジネスをやっていますよね。そもそも、どうして、DeNAが車の領域に入っていこうということになったんですか。

中島　社長の守安（功）と、新しい領域をひとつ増やすことを話していたんですね。当然、事業ポートフォリオのひとつとして、事業性があるかという観点で新領域を検討してほしいと言われました。

それと同時に、私自身は、今の自分が何をやりたいのかについても考えたんです。そこで思い至ったのは、世の中が便利になったり豊かになったりするといった社会性のある事業です。「事業面と社会面の両方で魅力がある領域のことをやりたい」と話したところ、守安から「検討してくれ」と言われました。

為末　順番としては、事業性と社会性を考えたうえで、「では車で」となったんですね。

中島　ええ。いろいろな領域を調べましたが、事業面でいうと自動車領域の市場規模は本当に大きいんですよ。駐車場やガソリンスタンドなどの関連産業も入れると50兆円ぐらいの市場規模があります。インターネット関連市場とは、規模が2桁ほど違う。そこはやはり魅力的でしたね。

でも、市場規模が大きいだけではありませんでした。自動車業界の方々に話を聞いていると、皆さんいろんな言い方で「これから10年、20年は激動の時代になる」と口にするんです。私自身、調べてみると、新たな技術が車に次々と組み込まれていくことで、移動することの価値が再定義されていくんだと実感できました。しかも、その起点のひとつには、ソフトウエアなどの技術の導入があります。インターネットの会社の強みを生かせる。だからまず、事業性はばっちりだと考えました。

つまり、巨大な市場が激動の時期を迎えていて、自社の強みが生きるかもしれない、そう考えたということです。

為末　儲かります、と。

中島　はい。でも、それだけでは車という領域を選びませんでしたね。今言ったように、そこにもうひとつ、社会性の魅力を感じたんです。

為末　どんなものですか。

中島　１９６０年代は、自動車業界が大きく伸びて「モータリゼーションの時代」などと言われました。小型車が普及し、高速道路もできて、人が郊外に住めるようになったり、新鮮な商品を運べるようになったり、車を起点に周りの産業も盛り上がったわけです。自動車業界やその周辺産業の人たちがビジネスを拡大すればするほど、世の中がよくなっていったという時代です。当時の映像とかを観ると、自動車産業で働いている方々がすごく楽しそうに仕事をしている。

それで、モータリゼーションがもう一度、２０２０年代に起こるかもしれないと考えると、また世の中を便利で豊かにできるのではないかと考えました。つまり、社会性という点でも魅力がある。車がデジタル・デバイス化していくなか、インターネット企業がそこに深く携わることで日本経済をもう一度、盛り上げることができる。そう思っています。

トヨタやグーグルと競争して勝てるのか？

為末　儲かるし、いいことでもある。その話は、役員などの間でも、全員一致で「その通りだ！」となったんですか。

中島　ぜんぜん違う見方もありましたね。事業性のところをすごく見る人もいれば、社会性のところに興味を持つ人もいますから。

為末　「いや、本当はそっちには世の中、動いていかないんじゃないの」といったリスクを指摘されたりも……。

移動そのものを
ビジネスチャンスと捉えて、
タクシー的なサービス以外にも
どんどん拡大させていきたい。

中島　そういう人には携帯電話の話をしました。1990年代に携帯電話やPHSが出て、街なかで電話したりメールを送ったりするのが当たり前になった。でも、当時、今のiPhoneの姿を想像できていた人はいない。では、これだけ普及している車にインターネットがつながったらどうなるか。インターネットの業界にいる人であれば、自動車業界に大きな変化が起きることぐらいはわかるでしょう、と。

それよりも議論になったのは、事業性のほうでしたけれど。

為末　事業性ですか。たとえば、トヨタやグーグルなんかと競争して本当に勝てるのかといったような。

中島　そうです。

為末　DeNAだからこそこの事業は行けるといった理由をどう説明したんですか。

中島　これまでインターネット業界で生きてきたメンバーなので、正直手触り感を持って判断することは本当に難しかったです。ただ、大きな潮流としては間違いなく事業性はあるといった判断ができる経営センスを持っている人たちなので、「可能性は十分あるんじゃないか」という感じで前向きに議論が進んでいきました。加えて、DeNAがこれまで積み重ねてきたクラウド側のノウハウやセキュリティーノウハウをはじめとした技術や、サービスを生み出してきた経験は、この分野で必ず生きるという確信があったので、参入に踏み切れたんだと思っています。

為末 設立された「ロボットタクシー」という会社は、ロボットベンチャーのZMPと合弁ですね。どんな経緯で、一緒にやっていこうということになったんですか。

中島 まず、今言ったようなことで、DeNAとしてオートモーティブ事業をやることを社内で決めて、事業の準備をしていたんです。事業を充実させるために、いろんな会社の方と話をしようとして、社内で「自動車関連の会社と知り合いの人は紹介してください」と投げてみたんです。すると、ある事業部のマネジャーが「ZMPって知ってますか。社長の谷口（恒）さんとよく会ってるから、紹介しましょうか」と連絡をくれて。

ただ、じつはものすごく忙しかったんで、ZMPのホームページだけ本当にさっと見て、失礼ながら「よくわからないけれど行ってみるか」ぐらいの感覚で会社を訪ねたんです。谷口さんに、正直に「すいません。事前勉強もしていないのですが、遊びに来ちゃいました」と言ったら、お互いの会社の紹介から始めましょうよ、となって。

それで、谷口さんに「インターネットの会社と一緒にやりたいことってないですか」と聞いたら、「あります。ロボットタクシーです。3年前から構想を持っていたし、技術もあるけれど、サービスに仕上げられるのはインターネット企業のような会社だと思っている」っておっしゃるんです。「でも、いろんな企業に相談しても、なかなか思うようなスピー

ド で話が進まないんだ」とも。「ロボットタクシーってなんですか」と聞くと、谷口さんは3年間も構想なさっているものだったので、ぱっぱっと説明されたんです。

為末　自動運転技術を使って、人なんかを運ぶといったことですね。

中島　ええ。それで、私は「すごく興味あります！　改めてミーティングさせてください」って言ったんです。

為末　響くものがあったんですね。

中島　はい。もともと、ハードウエアとソフトウエアとインターネットの融合を必要とする分野で、規模の大きな事業を仕掛けていく必要性を強く感じていたので。翌週、改めて谷口さんにお会いしました。私は自分なりの構想を携えて「私が社長だったら、このくらいのお金を集めて、こういうメンバーを集めて、スケジュールはこうする。事業成功のポイントはここだから、これは守らなければいけない」といったことを説明したんです。すると、谷口さんから「『私が社長だったら』っていうのがいいね」と言ってもらい、他社との話し合いをストップしてもらったんです。それで、具体的に計画していこうということになりました。その2カ月後に「ロボットタクシー」を設立しました。

為末　車が自動運転になることのインパクトは、すごく大きいですよね。

中島　そうですね。車の世界で言えば、電気自動車のようなエネルギーの側面での革命と、自動運転技術の側面での革命。この２つはすごく大きいと思います。

為末　自動運転は将来、どうなっていきますか。たとえば２０２５年頃には、高速道路では自動運転車が走っているぐらいですかね。北海道のような交通量の少ない一般道路でも、走れていたり。

中島　技術的には、２０２０年ぐらいには細い一般道も含めて走れるようになっているというくらい、技術革新が目覚ましいですよ。あとは法律が追いついてくるかどうかというところもあります。

為末　もう、すぐそこですね。

中島　自動車業界の関係者では、どんなに慎重なもの言いの人でも、２０２０年代後半には自動運転は実現するだろうと考えていると思います。

過疎の町をロボットタクシーが救う

そのタクシーは話しかけてくれますか？

為末　自動運転のようなことができるようになったとき、車そのもの以外にもいろんな変化が起きてくると思うんです。たとえば、車が自動運転になったら、車の動きや車間のとり方は今より断然ブレが小さくなって、道幅を今より狭くできるようになるから、道路目的以外の土地が増えたり、自転車との関係がよりよくなったりするのかな、なんて想像します。

中島　まず、おそらく人が運転する車と、ロボットが運転する車の混在状態は、長く続いていくんだと思います。私自身もですけど、運転することは楽しいことなので、自分で運転し続けたいっていう人は残ると思います。今の状態が保たれながらも、無人の車が走れるような環境づくりが追加されていくような気がしますね。

為末　社会システムのようなものが変化していく可能性はどうですか。

中島　それは大いにあると思います。特に、過疎化や高齢化が進んでいるような地域では、自動運転車がもたらす影響は大きいと思います。

ロボットタクシーの構想を発表してから、いろんな地方自治体に「話を聞きたい」「ロボットタクシーを売ってほしい」といった声をいただいています。

先日も、平均年齢が50代で、ボリューム世代が70歳ぐらいの「ザ・過疎地域」とでもいえる町におじゃまして、町長や町会長の方たちとお話ししたんです。

そこでは「どうする、免許証はもう返上するか」といった話がリアルにある。でも、返上してしまうとお店まで行けなくなってしまう。「いつもドキドキしながら運転してます」とおっしゃっていました。

為末 切実ですね。

中島 人口減も著しいので、公共交通機関はまずもって不採算なんです。本当に最低限の本数しかバスが走っていません。町営病院には送迎バスがあるけれど、町や県の補助金でやっとのことで成り立っている。町全体が赤字のなか、税金が投入されてなんとか支えられている。でも人は減っていく。そんな状況でした。

為末 具体的に、どんな生活での不便さがあるんですか。

中島 お話を聞いていると、「病院の送迎バスはあるけれど、でも行きたいのはあっちのショッピングセンターなんです」とか、「バスはあるけれど、バス停に行くまでの700メートルの坂道が大変で」とか、「タクシーは町全体で8台しかないので、呼んでも1時間後と言われてしまって」とか、1つひとつの交通手段が分断されていて、全体統合されていないんですよね。

為末　そうした町を訪ねたのは、やっぱりそうした問題を解決していきたいということなんですよね。どうしていけばよいと？

中島　タクシー産業では、7割ぐらいが人件費といわれています。この人件費の部分がすごく経営を圧迫しているので、まず人件費がかからないようなかたちにすることが大切になります。

それとやっぱり交通機関の全体最適化ですね。朝夕など部分的にしか稼働しない町の病院送迎バスが7台、同じく部分的にしか稼働していないスクールバス3台などとあるのを一度ぜんぶ置き換えて、たとえば、ミニバンのロボットタクシー20台をそろえて「24時間、どんな目的でも送迎します」とやったほうが、間違いなく町全体が便利になり活性化しますし、全体の7割を占める人件費が劇的に軽くなるので税負担的にも効率的です。そういう方向に行かざるをえないと思っています。

為末　地方の町の方々とお話をされるなかで、「それは考えていなかったな」というようなサービスを求められたようなことはありますか。

中島　あります、あります。ある地方の町で、60歳から80歳ぐらいの４、５人の方にお話を聞いたときは、「それは話しかけてくれるのかい?」って聞かれたんです。「えっ、どういうことですか」と聞き返すと、「そのロボットタクシーっていうのは、乗ったら『いらっしゃいませ、佐藤さん。お久しぶりですね』とか話しかけてくれるの?」って。

為末　なるほど。タクシーの運転手さんとの日常会話のようなものを求めているんだ。

中島　そうなんです。「だって、おたく、サービス業するんでしょ。町のタクシーの運転手さんなら、『佐藤さん、こんにちは。足の具合はどうですか』とか聞いてくれるよ。そういうのも含めてサービスだと思うんだな。やるんだったそこまでやってくれないと」って言われて、「ああ、そうだよな」と思いました。

為末　それを実現するには、どうしますか。

中島　もしかしたら、ソフトバンクのペッパーにあるような人工知能（ＡＩ）を組み合わせるといったことなのかもしれませんね。体は要らないから、っていうと孫さんに怒られるけれど（笑）。ペッパーの頭脳つまりコミュニケーションＡＩだけが車に組み込まれて、カメラが車内の様子を撮って、乗客のお顔も認識できて、会話もできて、足の調子の悪い乗客には気遣ってといった、ドラマの「ナイトライダー」のような車と人が対話するコミュニケーションの方法を考えさせられました。

「それは考えていなかったな」
というような
サービスを求められたことは
ありますか。

ある地方の町で、
60歳から80歳ぐらいの方に
お話を聞いたとき、「それは
話しかけてくれるのかい?」
って聞かれました。

為末　面白いですね。

日本人は自分の車を人に貸したがらない？

為末　どんな目的にも使える車をコミュニティでそろえておくという今のお話と関係するかもしれませんが、「シェアする」っていう考え方もあります。DeNAもオートモーティブ事業の一環で、個人間のカーシェアリングサービスを始めたそうですね。

中島　Anyca（エニカ）ですね。

為末　うちの実家にも、ぜんぜん乗っていない車があるので、必要な人に貸したりして使ってもらったらいいなって。とはいえ、さすがに車を貸すのは、普通のモノを貸すのとは違って大変かとも思っていました。カーシェアリングのサービスをやるのに、ハードルはなかったですか。

中島　それはありましたね。

為末　リスクのこととか言い出すと、すごくハードルがある気が……。

中島　確かに、個人間カーシェアリングサービスは難産でした。

じつは、アメリカや中国では、個人間のカーシェアリングサービス市場は爆発的に伸びているんですよ。でも、「日本人は自分の車をすごく大事にして、人に貸すことなんてしない国民性じゃないか」って言う人もいて。

為末　市場性がそもそもあるのかっていうことですかね。

中島　会議の場では、「日本では難しいと思うよ」って誰かが言いだすと、みんなも「そうかもね」っていう雰囲気になってしまうものです。そのままだと計画が潰されてしまうので、「わかりました。ちょっと検討させてください」と言って、後日、カーシェアリングについての意識調査をしてみたんです。

為末　結果はどうでしたか。

中島　確かに若干、日本人のほうが車をシェアすることに抵抗感はありました。それでも有意な差はなかったんです。「会議の席に座っている皆さんの意見がある一方で、日本国民の意見はこうですよ」なんて言って。1つひとつ、メンバーの懸念を潰していきました。

為末　もうひとつ、法規制のあたりが、アメリカとかより日本では厳しい気がするんですが、それはどうなんですか。

中島　厳しいかどうかというよりは、そもそもの法規制や概念が違うので、「アメリカにできることがなんで日本でできないのか」という議論自体がナンセンスなんです。なので、カーシェアリングについて、法規制的に問題がないかどうかを調査するのは、とても時間がかかりました。有識者の方からもお話を聞いて議論したりして。

為末 そういうことで、どうにか立ち上げまでたどり着いたんですね。

中島 その通りです。

為末 車、もしくは乗り物を「飛ばす」ことは想定されてますか。大きなドローンを使うような感じで。

中島 そうですね、あまり制約は設けていないです。移動手段や乗り物の発展によって、ライフスタイルや社会システムが変わり、世の中が便利に、豊かになっていくところにチャンスがあるというのが基本的な考え方ですから。たとえ車でなくても、たとえば自転車でも、あるいは飛ぶようなものでも、自分としては拡大解釈はいくらでもオーケーです。

為末 僕の友人で、島に住んでいる人がいるんですが、彼がいつも言うのは「車とホバークラフトの中間みたいな乗り物があれば」ということです。

中島 ドローンを発展させるのが実現には近いかもしれないですね。

為末 そうなってくるとドローンとバイクのような乗り物を結びつける感じですかね。

中島 そうかもしれません。ドローンの積載重量は増えていくでしょうし、近い将来、バイク1台ぐらいは運べてしまうという可能性はあると思います。すると、「陸にいるときはバイクとか車で、飛ぶときはドローンで」といった話になってきます。技術的にはできるだろうと思います。

為末　そうなると、３次元で考えなければならないですね、道路の規制とかも。

中島　そうですね。むしろワクワクしますね。

移動という営みが再定義される

宅配のドライバー不足も自動運転で解決

為末　配送業についてはどうなっていくと思われますか。自動運転の車が普及していくと、大型トラックを使わず、いきなり小分けの配送で済むようになるとか、自分が職場にいるうちに買ったものが車に積み込まれて、一緒に家に帰るとか。

中島　配送は、大きな課題になってきていますね。インターネットショッピングで、買い物が便利になっている反面、配送する荷物はものすごく増えていますから。ある大手配送業の方と話したところ、年間１億個ずつ荷物の数が増えているといいます。少子高齢化で労働者人口は減っているので、いくらドライバーさんを募集しても、年間１億個ずつ増えていく荷物を捌けるようにはとてもならない、と。

為末 買う側も、忙しいなどで、荷物をなかなか受け取れなかったりして。

中島 私もですが、真夜中に家に帰ると、不在連絡表が入っているけれど、「いったいいつになったら受け取れるのかな」みたいな。

為末 「1週間は厳しいな」とか。

中島 「深夜料金を払うから、今すぐ来てほしい」といった願望もあります。けれども、今話したように、そもそも配送事業者が雇用確保の問題が根本的にはあるので、これ以上のサービスは難しいような気もします。

為末 となると、ロボットタクシーの出番がありそうですね。

中島 たとえば、ロボットタクシーのような自動運転の車にコインロッカーみたいな荷物入れを積んでおき、「荷物を持ってきて」と注文が入ると、配送センターでロッカーに荷物が入って、夜中の2時でも運んでいき、「家の前に到着しました」とスマートフォンで通知するようなサービスも考えられると思います。利用客は自動運転車内のロッカーにスマホをかざせば、鍵が開いて荷物を受け取れるといったような。

為末 「タクシー」って聞くと、「人を運ぶ」というイメージがありますけど、そうなると、移動そのものに関することが事業領域というくらいの感覚をお持ちなんでしょうか。

中島　その通りです。私どもが「ロボットタクシー」と呼んでいるのは、皆が「あっ、それをやりたいのね」と理解できるようなわかりやすい呼び名にしようと考えたからなんですね。事業領域を広げることについては、さらにていねいに説明すればいいという感じでしたので。移動そのものをビジネスチャンスと捉えて、タクシー的なサービス以外にもどんどん拡大させていきたいです。

寝ながらにして職場に到着！

為末　将来、ロボットタクシーのようなサービスが当たり前になれば、人はもっと都会から離れて住むようになるかもしれませんね。究極的には、寝ながらにして都会の職場まで通えるようになるかもしれない。さらに、車がホテルの一室みたいになって、週に２、３日は泊まる移動式住居のような役割も果たすようになるのかなって。

中島　ありえると思います。たとえば学生さんに「将来、自動運転社会になったらどうなると思う？」と聞くと、「中でテレビや映画を観たりしたい」って言います。移動する目的地はなくても、自分だけの空間ですごく居心地がいいはずだから、中で映画を観ながら車にドライブさせて、１２０分経ったらまた自分の家まで帰ってきて、といった使い方を

僕はパラリンピックの
支援をしているので、
車椅子の自動化というのも
できるかなと思っていて。

想像する人はいましたね。

為末　自分が運転しないので、何でもできる空間として使うんだと。

中島　ええ、生活空間を車の中に求めるといったことをパッと発想する世代が出てきているんですね。都内の大学に進学して、一人暮らしというとき、都心で生活費が10万円掛かるんだったら、寝ているうちに大学の前まで運んでくれる自動運転の車をローンで買って実家から通うほうが結局お金は安くといったこともありうると思います。

為末　一軒家のお父さんの部屋が自動運転の車になっていて、お父さんが寝ているうちにその車がお父さんを乗せて家を出て、移動中の車の中で目覚めて、髭を剃って、着替えて、会社の前に着くみたいな（笑）。それができるんだったら、都会から2、3時間かかる自然の多い場所に住むということも当たり前になりそうですね。

中島　そう思います。

為末　逆に、皆で乗るバスのような乗り物がターミナルに着いたあと、それぞれの人が車椅子みたいな小さな乗り物に乗って、さらに自分の目的地まで辿り着くみたいなこともありえますか。僕はパラリンピックの支援をしているので、車椅子の自動化というのも同じタイミングでできるかなと思っていて。

中島　あるかもしれないですね。太い幹線の脇にある「毛細血管」の道でのラスト・ワンマイルの移動手段は独自に発展していくと言われています。最後の最後のところは車椅子のような乗り物になるかもしれないですね。

為末　お父さんは、自動運転の車さえ家族に乗っ取られて、最後にはカプセル型の車椅子みたいな乗り物に逃げ込むとか（笑）。

中島　面白いですね（笑）。

為末　おっしゃっていた「未来のモータリゼーション」が起きたとき、それは社会にどんな意味をもたらすと思いますか。

中島　１９６０年代には、車の普及にともなって、郊外の住宅地が開発されたり、宅配業が発達したり、ロードサイド小売店で買い物をする文化ができたりと、ライフスタイルそのものが大きく変わりました。その時代の背景に合わせて、より便利に社会システムが変わった結果だと思っています。今後10年から20年で「未来のモータリゼーション」が起こるのだとすると、これまで想像もしなかったようなライフスタイルの変化が、現代社会の抱えるストレスや不便さを解決するかたちで現れることになると思います。全員にとってウエルカムな変化というのは存在しないかもしれませんが、多くの人にとっては生活が豊かで便利に変化すると、そう信じています。

対談を終えて

現役の陸上選手だった頃は海外遠征も多くて、スペインの大会が終わったら今度はイギリスへとか、転々としていました。思い出すと、そうした移動での空間がプライベートのものになるというのはいいなと思います。

今でも、飛行機か新幹線かを選ぶとき、仕事をしっかりしようというときは新幹線にして、より早く移動しようというときは飛行機にするといった選択はしています。でも、ロボットタクシーのような移動形態が現れれば、移動するという手段だけでなく、そこで何をやるか、といった目的に、より重きが置かれていくんだと思います。

移動時間もプライベートの時間として使えるようになれば、やっぱり僕は都会から離れますね、きっと。好きな海や山の近くで暮らすようになるんじゃないかな。ロボットタクシーなら料金もそんなにかからないと期待しています。

これまでの対談でも、いくつかのテクノロジーが組み合わさって、社会が変化していくという話がありました。今回の中島さんの話されていた領域は、そのなかでも未来の乗り物を中心に、さまざまな世界と融合しやすいものだと感じました。

日産自動車総合研究所所長

土井三浩

ハンドルを握り、
アクセルとブレーキを踏む
という車への接し方は、
自動運転車が実現されれば
大きく変わっていくことだろう。
単なる運転方法の変化だけにとどまらず、
交通インフラや都市デザインが変貌し、
車と車の関係、車と人間の身体との
新たな関係が生まれていくだろう。
そのなかで、
「運転する楽しみ」は残っていくのか。
車と人類の未来について展望する。

自動運転と電気自動車がモビリティの概念を変える

土井三浩（どい・かずひろ）
日産自動車総合研究所所長。アライアンス グローバルダイレクター。1960年東京都生まれ。1985年日産自動車に入社し、自動車の振動・騒音、高度道路交通システム（ITS）の研究、先行技術開発の戦略策定などに携わる。「マーチ」などのコンパクトカーの商品企画の統括も担当。2014年4月より、日産自動車総合研究所所長。アライアンスグローバルダイレクター。2015年４月より日産自動車理事。自動運転車、新エネルギー車の研究開発などを進めている。

国、地域、都市ごとに多様な車社会のあり方

移動手段は人口密度で決まる

為末　2020年の東京オリンピック・パラリンピックを前に、車が進化するとともに、新たな道路の建設なども進んでいますね。こうして人間は時代ごとに移動のためのインフラを整えてきたわけですが、どのくらい昔からそういう概念があったんでしょうか。

土井　たとえば、古代イタリアで1世紀まで繁栄していたポンペイでは、ちゃんと馬車用の車道があり、歩道があり、横断歩道もありました。しかも、遺跡を見ると、横断歩道には馬車の車輪の幅に合わせて溝があります。車道が歩道より一段低くなっていますが、これは大雨が降ったとき、水を車道に流して歩道は歩けるようにしてあるんですね。人間の創造力はすごいと思います。

為末　そうした人間の営みによって移動手段は発達してきたわけですね。今海外に出張するとき感じるのは、国とか都市とかによって、主となる移動手段が違うということです。

土井　すごくざっくり言うと、移動の仕方は人口密度によって違ってくるんですよ。たと

都市の移動を決めているもの

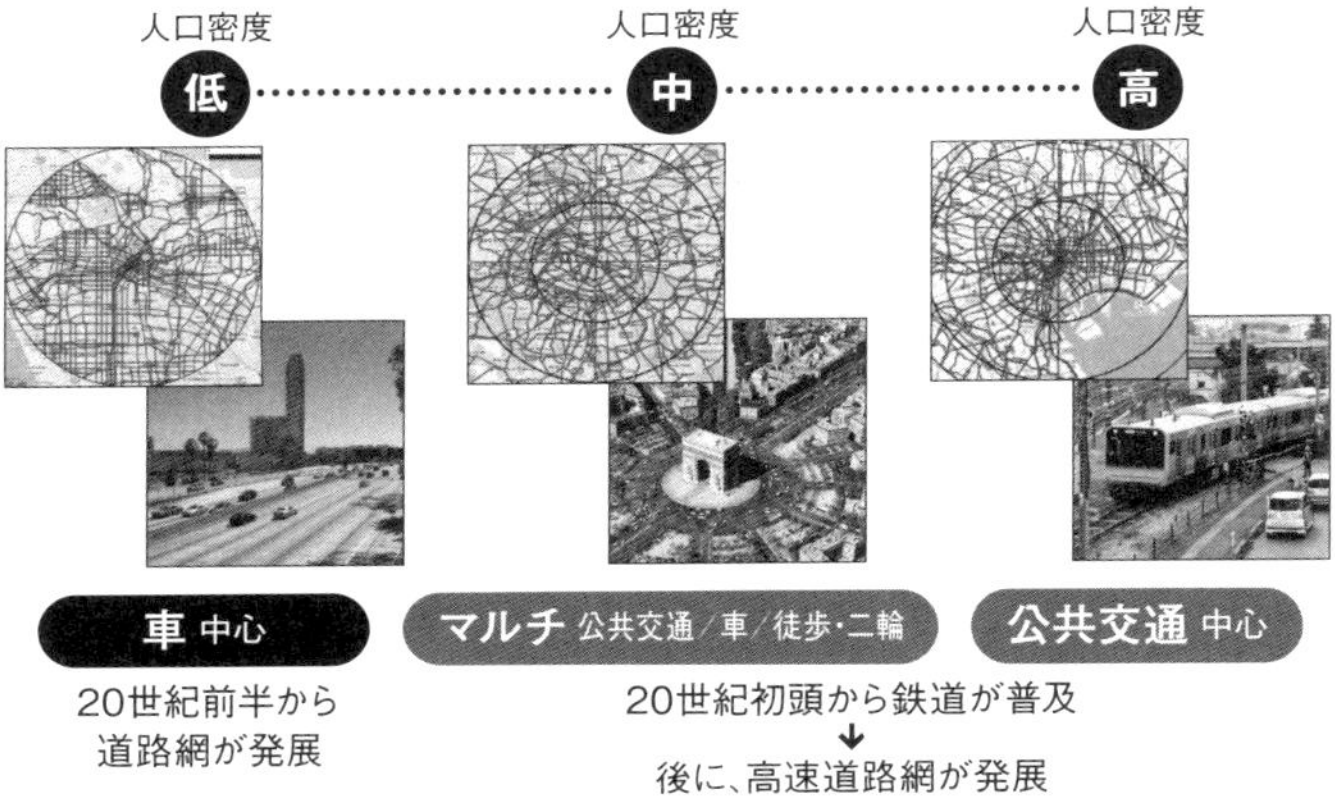

日産自動車株式会社の資料を基に作成

えば、（上の）図の左はロサンゼルスですが、人口密度が低いので、大量輸送に向いた鉄道は経済原理で成立しにくい。必然的に車での移動が中心になります。

為末　東京は人口密度が高いから、ロスとは逆になりそうですね。

土井　そうです。図の右が東京ですが、公共交通網が世界で一番発達しています。基本的には電車などの公共交通で移動するのが便利ですからね。ロスと東京の中間が図の真ん中のパリです。公共交通での移動も車での移動がミックスした状態が出来上がっています。

為末　人が密集しているほど車よりも公共交通が使われるというのは、わかる気がします。

土井　ええ。別の見方として、こんなグラフもあります（次ページ）。世界の主要都市の、

東京はユニーク

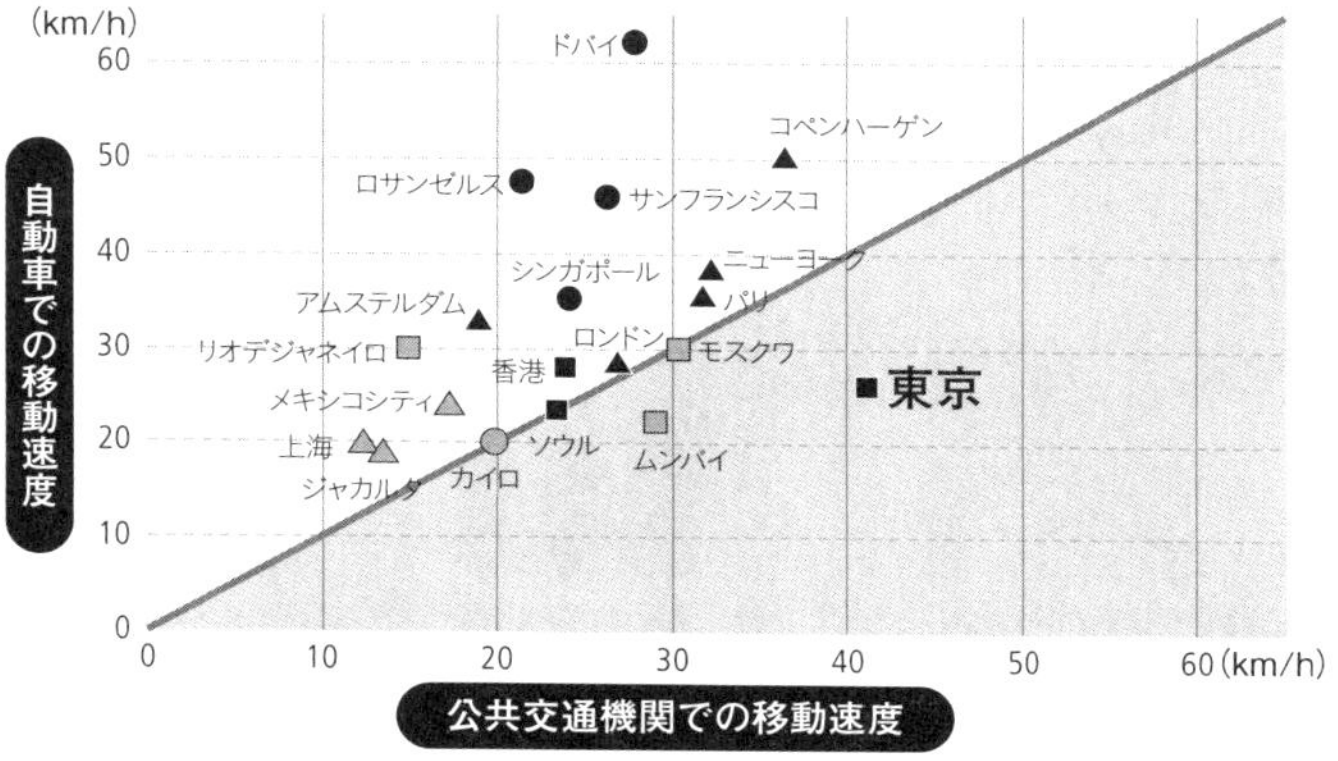

日産自動車株式会社の資料を基に作成

車と公共交通それぞれの平均速度をプロットしてみました。縦軸に車の平均時速を、また横軸に公共交通の平均時間をとってプロットしてみると、ロサンゼルスは左上のほう、つまり、車のほうが公共交通より速い都市として位置づけられます。一方で、カイロ、ソウル、ロンドン、モスクワなどは、車と公共交通がほぼ同じ速さの直線上に並びます。

　けれども、東京だけはグラフの右下のほうの外れにある。つまり、東京では異常なほどに車より公共交通のほうが速いんです。東京から世界を見ると間違えてしまいます。こういうことに気をつけながら、車や移動について考えていくことが必要となります。

為末　何十年か後には、車より公共交通機関のほうが速い東京のようなグラフエリアにシフトしてくる都市もありそうですか。

土井　右側に移ろうとしている国は確かにあります。けれども、時間は相当かかりそうだし、人が車から離れるのはけっこう難しいと思います。

ジャカルタはあまりに街が過密で道路も鉄道のようなインフラを敷くことが難しいんです。シンガポールは東京のように人口密度は高くても車のほうが速いという結果になっていますが、これは市内に車で入るときに課金する仕組みによって、走っている車の量をコントロールしているからなんです。インフラと政策と、両方なければ実現できない。その点、東京はうまく整備されてきて、いい状態にあるといえます。

為末　巨大都市であるわりには移動のためのインフラは優れているということですね。

土井　移動を車でするか、公共交通でするか、徒歩でするかの比率が、どの都市で近くなるかを計算してみると、東京は香港とわりと近いんです。公共交通機関を使った移動の比率が高くなってます。

為末　東京と香港が近いのはなんとなくイメージできます。

土井　東京では公共交通機関が発達しているけれど、課題がないわけじゃない。駅から家までの「ラスト・ワンマイル」を高齢化社会のなかでどう解決するかといった新たな課題もあるんです。

為末　最後の毛細血管の部分まで、どう血を行き渡らせるかという話ですね。

土井　そうです。日産も電気自動車や自動運転車を普及させようとやっていますけれど、各国の事情を考えずにむやみにやってもうまくはいかないと思うんですね。将来的には世界のいくつかの地域でも、ロボットタクシーのような無人輸送サービスが機能することになるでしょうが、各地域でそのサービスの意味合いが変わってくるということです。

中国でも電気自動車が普及していく

為末　電気自動車は先進国ではかなり普及してきていますよね。ガソリン車などに比べて燃費はすごくいいけれど、航続距離はさほどではないので都市での移動向けとか、そんなことも聞きます。

僕はブータンのスポーツ親善大使をしているので、現地にもよく行くんですが、政府の人は日産の電気自動車に乗っています。ブータンの国土面積は日本の10分の1ぐらい。ちょうどいいサイズなんでしょうか。

土井　そう思いますね。モナコでも国王が電気自動車を普及させようと一時期、振興策に力を入れて盛り上がったんですよね。その後、いったん各社が撤退してしまったのですが、

2014年から始まった電気自動車の「フォーミュラE」というレースでは開催地のひとつに選ばれました。

為末　日本はどうですか。

土井　日本も地理的条件はいいかなと思います。島国で、国外までは出られませんので。

為末　逆にヨーロッパやアメリカで電気自動車を普及させるとしたら大変ですか。

土井　日産の電気自動車の販売台数が最も多いのはアメリカなんです。国や州の優遇措置があることをはじめ、車を複数台持ち、通勤など決まったルートで電気自動車に乗るというスタイルがうまくマッチしているようです。ヨーロッパの場合、国を越えた移動が激しいし、速度制限なしのアウトバーンという高速道路もあるので、全域に普及させるのは時間がかかるでしょうね。たとえばパリ市内は基本的にアパート暮らしですから、家の庭に充電スタンドを置くこともできません。インフラ設置の難しさはあります。

為末　そうですね。ヨーロッパは難しそうです。

土井　でも、中国では電気自動車の需要がかなりありそうなんです。

為末　あれほど国土が広くても？

土井　ええ。国が広すぎて都市と都市の間を車で移動することはないので、自分の住んでいる都市内で機能するんです。

為末　ああ、なるほど。

土井　やっぱり現地まで入っていって、いろいろな話を聞かないと、実際の使い方は見えてこないですね。

走行しながらの充電も可能に

為末　電気自動車に適した地域で、普及に向けてボトルネックになっているのはどんなことですかね。やっぱり充電スタンドの普及とか。

土井　それは大きいと思いますね。自分のいる場所のそばで充電できることが大事ですよね。

為末　僕の実家に駐車スペースが1台分あるので、そこに充電スタンドを置いて電気を売れないかなみたいなことを話していたんですけれど（笑）。タイムズとかが、駐車場と充電スタンドをセットにしてサービスする可能性もありますよね。

土井　そうですね。時間貸駐車場とか、あとはコンビニですね。コンビニの滞在時間は5分や10分。車を停めてちょっと買い物をしているうちに充電がかなりできていれば、コンビニの利用客も増えるでしょうし。インフラをセットで考えていかないと、車だけ売って終わりっていうわけにはいかない時代ですね。

為末　ずっと走り続けることができる車っていうのも、将来的には登場しますか。

土井　技術的には検証が進められています。ひとつの手段は、走りながら充電することです。最近の携帯電話でも、充電装置の上に近づけるだけで非接触に充電できたりしますよね。自動車でも、全体のエネルギー消費量や安定供給などの課題はありますが、走りながら充電することは技術的には可能なんです。

でも、何十キロ、何百キロと走った後は、人間は疲れて休みますから、やはり駐車した場所で電気をチャージできることが重要になってきます。充電器の数が多い都道府県では電気自動車が多いという傾向が明確にあります。充電器が次々置かれて、近所の人が使い始めて……となると、普及は急速に進んでいくはずです。

為末　以前、ロボットタクシー社長の中島（宏）さんと、自動運転車がいつ頃までに普及するかという話をしたときに、「技術的には、2020年ぐらいには細い一般道も含めて走れるようになっている」とおっしゃっていました（第8章）。

日産自動車は自動運転車についてはどういう目標をお持ちですか。「これをクリアしたら自動運転の普及が進む」といった課題はどんなことになるでしょう。

土井　2016年に、渋滞中の自動車であれば前の自動車に追従しながら進むという自動追尾式の自動車を発売するプロジェクトが進行中です。2018年頃には、渋滞中でなくても高速道路などで自動に走って車線変更もできる段階まで行くと思います。それで、2020年には市街地を自動運転で走れるように研究を加速中です。

為末 実際の街なかで自動運転車を走らせてみるようなことはされていますか。

土井 日産はシリコンバレーにオフィスを持っていて、電気自動車の「リーフ」をベースにオフィス周辺の公道で自動運転車を試走しています。国内でも日本で最初の認可をもらって実験が始まっています。

量子コンピュータも自動車産業を変える

為末 どういう技術が組み合わさって自動運転が可能になっているんですか。

土井 人の運転には、認知して、判断して、操作するという3つの要素があると言われています。この3つの要素が人間からマシンに置き換わっているということです。

まず、認知という点では、将来高速カメラに期待しています。現在自動車に搭載しているカメラでも、毎秒30フレームで人と同等の速さでモノを見ていますが、それがさらに進化します。判断についても、コンピュータが発達するので当然、優れたものになりますし、操作についても車のほうが人間より応答速度が速くなっています。つまり、３つの要素すべてにおいて、すでにマシンが人間を超えているんです。

為末　技術的にはかなり進んでいるんですね。でもいろんな方にお話を聞くと、自動運転車が本格的に出回るのは２０２５年になるとか、２０３０年までかかるとか言う人もいます。技術的な壁になっているものは何だと思いますか。

土井　運転の３つの要素すべてでマシンが人間に優るようになったとは言いましたが、それでも技術的に追いついていないものもあります。たとえば、同じ高さにある前方の赤いランプでも、それが赤信号なのか、上り坂の道路で前を走っている自動車のテールランプなのか、人間は簡単に識別できます。また、フェンス越しに見える車が交差点で側方から近づいていることも瞬時に理解できます。こうした判断は、まだ人間のほうがすごいんです。

為末　電気自動車はどうですか。

土井　かなり違う視点の話をしますが、量子コンピュータのような技術が革新をもたらすかもしれません。電気自動車に使っているあらゆる電池がそうなんですけれども、何種類かの材料の組み合わせでつくるんですね。そうすると、その最適な組み合わせをしたときに最高性能が実現できるんですが、最適な組み合わせが見つけられているかというとじつはまだ見つけきれてない。なぜかといえばあまりにも組み合わせが多いんです。「巡回セールスマン問題」ってご存じですか？

為末　巡回セールスマン問題？

土井　たとえば京都と金沢と東京と名古屋を最短距離で回るルートはどれか、という計算は、都市が4つぐらいだったらわりと簡単に計算できます。だけど都市の数がたとえば30になった瞬間に、「京」っていうスーパーコンピュータで計算しても1400万年かかるんだそうです。組み合わせって厄介なんですよ。

為末　充電池って何都市くらいの感じなんですか。

土井　電池には正極と負極側の材料がそれぞれあって、リチウム、ニッケル、コバルト、マンガン……その組み合わせのなかに、さらにいくつかパラメータがあって、それぞれの重量とか大きさとかいろいろ容量のパラメータで組み合わせるんですね。そうすると、「京」で計算しても100年はかかると思います。これを今「京」なしに人が技術的知見や経験を基にやってるんです。

為末　人がやっているんですか。すごいですね。

土井　ええ。でも量子コンピュータを使うと0・1年で計算できる。要は最適な答えが出る可能性があるんです。電池の技術と量子コンピュータとは全然別の世界なんですけど、

運転には、
認知して、判断して、操作する
という3つの要素があると
言われています。
そのすべてにおいて
すでにマシンが
人間を超えているんです。

やっぱり外のこういう世界が発達すると、一緒に車も進化する。製薬の世界も同じ理屈だと思いますね。

自動運転の実証実験が進むシンガポールとカリフォルニア

為末　自動運転車の法整備はどうなっているんでしょう。

土井　法の問題は大きいですね。将来的に自動運転では運転をしなくてよいことになっていきますが、法規通りに解釈していくと、運転とは「運転をする人がいて、その人がハンドル、ブレーキなどを適切に操作している」状態です。将来的な自動運転はこれにあてはまらないんですね。安全技術の進化はいつもそうですが、部分的に新しい技術を導入して、何年か経って事故が減ったなどの成果が出ると、そこで解釈が変わっていくものなんです。

為末　規制が緩い国に進出してそこで実績をつくるとかできないんですか。

土井　そういう動きはありますよ。たとえば、シンガポールなどはすでに自動運転の実証実験をする人を募集しています。アメリカでもやはりカリフォルニア州は先駆的です。他州に先駆けて自動運転車の実証実験を行う場合の手続きを法律で定めました。シリコンバレーで実証実験を行うときは、この法規に従ってライセンスが与えられます。日本では、現時点でも一定のレベルまでであれば、車両構造法規に適合していれば実証実験走行は可能です。一方で、より高度な制御の実現に向けて、先進的に取り組むべきだとする意見もありますね。

為末　この前、北海道の町に行ったとき、町長さんが「うちも特区制度を使ってやりたいんだけど、車が全然走っていないから実験にならないか」って言ってました（笑）。

土井　そうですね。でも、初期段階としてはそのぐらいのほうがいいのかもしれません。前に、電気自動車の開発に携わっていたときは、鹿児島県の屋久島が向いていると考えたことがありました。オール水力発電で、二酸化炭素はフリー。自動運転と電気自動車を組み合わせれば、日本で最も先進的な交通モデルのようなものが実現できるんじゃないかと思ったんです。

ソフトウエアとネットが車を飛躍的に進化させる

カーナビがどんどん賢く親切に

為末 今、異業種もどんどん自動車業界に参入してきています。これからはどこに焦点を定めて戦略を決め、どんな会社や組織と組むかというのが問われてきそうですね。

土井 そうですね。グーグルなどが本格的に自動運転に関わっているというのもまさにその例ですね。モビリティ業界とIT業界が渾然一体化してきています。

私が日産に入社した1985年頃は、まだ自動車は「鉄とゴム」でつくっていました。でも、最近はそれは一部であって、コンピュータで動くものの役割が飛躍的に大きくなっています。だからハードよりソフトのほうが重視されてきている感はありますね。

IT業界も、コンピュータ、ゲーム、携帯電話、タブレットとつくってきたけれど、製品が飽和しつつあるように思えます。すると、最後に自動車にたどり着くのかな、と。

為末 車がITでつながるとなると、まわりの車と自分の車がコミュニケーションをとることも可能になるんですか。

土井　そうなっていくと思います。ビッグデータ、人工知能、それとIoT（モノのインターネット）の3つをセットとして考える必要があります。いろいろなモノがネットワークでつながり、それにともなってウェブがクラウド化して扱われるデータが膨大になり、人間が処理することが難しくなって人工知能で処理をする。

為末　車もモノですからね。

土井　そうです。車同士がつながっていきます。携帯電話がスマートフォンへと進化してきたのと同じほうに向かっているんです。

次に現れる自動車技術としては、バーチャル・パーソナル・アシスタントが注目されています。従来は、人間がカーナビゲーション・システムに向かって目的地を口で伝えても滑舌が悪いと「もう一度、言ってください」と返されていました。でも、自動車の知能が発達してくると、人間の曖昧な表現まで理解できるようになるでしょう。「あなたが言っているのはこのことですか」などと自動車が理解しようと人間に問いかけてくるような知能もできるでしょう。それがクラウドにつながっていきます。そのデータを上手に使ってさらに便利にすることを考えていくのもモバイル機器の進化と同じですね。

為末　自動車が「またカレー屋に行くんですか。昨日も食べましたよね？」とか言ったりしたら面白いですね（笑）。

土井　あるかもしれませんね。為末さんがスマートフォンで検索した情報なども蓄積されていくので、自動車が為末さんの次の行動を予測できるようになります。

為末　メールで予約した飛行機の便の情報が自動車まで伝わって、乗った瞬間、空港の駐車場までのナビが用意されていて、とかいうこともできそうですね。

土井　できると思います。「今日は渋滞しているので、電車にしたほうがいいですよ」と自動車が言ってくることもありえると思います。

為末　車を走らせていると、「3台前を行く、白いワゴンは親戚の車ですよ」とか。

土井　そうですね。今はカーナビも、「300メートル先の交差点を右折してください」とガイドしますが、今後は「前の青い車の後ろをついていってください」とか「昨日と同じところを曲がってください」とか、まるで友だちが横で道案内をしてくれているようなことが実現されていくでしょうね。

「今日は渋滞しているので、
電車にしたほうがいいですよ」と
言ってくることも
ありえると思います。

自動車が
「またカレー屋に行くんですか」
とか言ったりしたら
面白いですね（笑）。

想像の限界が技術の限界

為末　日産自動車は、NASAとも提携しているんですよね。

土井　はい。自動運転車の開発のためのパートナーシップです。将来は無人の自動運転車が街なかを走るようになっていくと思います。でも、現実の街なかでは、道路工事のパイロンが道路を塞いでいたり、信号機が故障して警官が手信号をしていたりといったことも起きます。それらすべてを自動運転車が理解するのは大変です。でも、安全は確保しなければならない。そのとき、自動車にカメラが積まれていて、それを監視センターのようなところでモニターして遠隔操作できれば、ロボットタクシーのようなサービスが一般化する時代ももっと早く来ると思います。

為末　人工衛星や宇宙ステーションの運用管制室みたいなセンターを設置するわけですか。

土井　そうです。NASAは、宇宙機を飛ばして火星探査などをしています。自動運転については日産のほうが上手だけれど、遠隔操作などの技術ではNASAが優れている。じゃあ、一緒にやりましょうということで始まったんです。

為末　自動運転と遠隔操作の技術が進めば、警官のパトロールなどもロボットカーでできそうですね。顔認識技術もともなって、ロボットカーのそばを通っただけで犯人が特定されてしまうような……。

土井　映画みたいですけど、あるかもしれませんね。ただし、プライバシーの問題は既に議論の対象になっています。あと、パソコンがハッキングされるのと同様に、自動運転車がハッキングされうるということにも対策が必要になってきます。

為末　倫理的な問題は残っているけれど、人間の発想に対して技術の進化が応じてくれるようになった感じですね。

土井　そうなんです。先ほどビッグデータ、人工知能、ＩｏＴの３要素の話をしましたが、これらの技術があまりにも進みすぎて、想像できることはほとんど何でもできるようになりました。つまり、想像の限界が技術の限界や会社としての限界になるわけです。シリコンバレーの会社が自由な発想を重視して、仕事場なのか遊び場なのかわからないような職場を構えているのも、既存の想像の限界を超えるためでしょう。想像力をどこまで膨らませられるかで競争力が左右される時代です。

自動運転車から見えてくる身体と道具の良好な関係

思っていた通りの運転を車がしてくれるか

為末　そこまで技術が進んでも、実際に運転するとき、人間のほうがまだ優っている点があるというお話でしたよね。

土井　ええ。たとえば行動予測がそうです。人間は運転しているとき、歩道にいる人を見て、「あ、あの人、道を渡ろうとしているかも」と予測をします。それでブレーキをかけたりハンドルを切ったりしてより安全なルートを選びます。

　もし同じ状況で自動運転車が対応するとなると、確かに自動車も接触事故などがないようにきちんと対処しようとするけれど、乗っている人間は自分が運転するときの感覚と違うと怖いんですよね。道路を歩いている歩行者のほうも、自動運転車が近づいてくるとやはりまだ怖さを感じると思います。

為末　その意味では、危険を察知する技術だけじゃなく、乗っている人が「心地よい」ことを実現することも重要になっていきそうですね。ちょっと次元の違う話かもしれないですけれど。

土井　そうだと思いますね。

為末　自分が想像している通りに、自動運転車が動いてくれるかというのが大切になってくる。

土井　ええ。乗る人の納得感をもたらすようなコミュニケーションが発達すると、自動車はより快適に便利になると思います。たとえば、助手席に友人が乗っていて「右の道を行ったほうが早いよ」と言われたとき、自分の直感と違うと「本当かな」となりますよね。そこで友人が「昨日、左の道を通ったら工事していて渋滞に遭ったんだ」と理由を言ってくれれば納得します。

でも、今のナビゲーション・システムでは「３００メートル先、右方向です」と言うだけ。運転席に座っている人はそれに従う。ナビが親分で人間は子分のような変な関係になっているんですね。

為末　つまり、説得するとか納得させるといった作業が省かれちゃっているわけですね。

土井　そうなんです。今の自動車はまだそこまで賢くなっていないので、そうしたやりとりはできないのですが、それができるようになると、もっと人間が納得して自動車に向き合えるようになると思います。

為末　僕は車を運転すること自体けっこう好きなんです。どこが好きかといえば、運転技術が向上していくところですね。「自分でやれている」とか「コントロールできている」と感じることは、人間の心地よさの大きな領域を占めている気がするんです。

移動のための手段というより、僕みたいに運転すること自体が目的というときに、人間と自動運転車との関係はどうなっていくんでしょう。運転することの喜びはゼロにはならないですよね。

土井　もちろんです。自動運転のいいところは選べるところなんです。自動運転車ではスイッチを切れば自分で運転することができます。ただ、将来、自動運転の仕様が当たり前のものとして装備されるようになれば、私たちは「元の自動車」には戻さないと思うんですよね。あまり運転がうまくなくて、コーナーで膨らんでしまうような人でも、自動運転の仕組みを使って、自分がハンドルを切り始めるよりちょっと前に、自動車が曲がり始めてくれる。そのほうが当然、安全でもあるわけです。そうしたサポートを選択的に入れながら、自動運転車とドライバーが協調するようなことは、ひとつの流れになるかもしれません。

為末　競泳用水着で選手がかつて着用していたレーザーレーサーみたいな感じですかね。装着すると本来の自分よりもうまく、速くなれるような。

運転することの
喜びはゼロには
ならないですよね。

土井　そのサポートをどこまでやるかという問題はありますね。自分で運転したいという人から楽しみを奪ってはいけないですね。

身体と道具の一体化を車で目指す

為末　身体と道具の関係というものは、扱いが慣れてくると道具が身体と一体化していきますよね。僕は今、義足の開発に携わっていますが、競技選手が使っている義足は板バネが反ったような形をしているんです。付け慣れた選手は、足元にボールが飛んできたら、義足の形状を踏まえたうえでボールが当たらないように避ける動きをします。同じように、たとえばカーレーサーの方なんかは、自分の体と車が一体化しているんじゃないかと。

土井　身体拡張の世界ですね。軽自動車が運転しやすいのは、単純に小さいからでなく、ドライバーが両手を広げたら届きそうに感じられるぐらいのサイズだから、つまり自分の身体にわりと近い感じがあるからでしょうね。そうした、身体に近い感じをより大きなサイズの自動車でも実現するために、「マジック・バンパー」という技術をマサチューセッツ工科大学の研究者たちと共同開発したことがあります。要は、レーダーを使って、前方の自動車との車間が狭まるとアクセルペダルが押し戻されたり、レーンをまたぎそうになるとハンドルに少し戻す力を入れるといったことで、身体にまわりの様子を伝えようとするコンセプトです。

為末　バーチャルに周囲の環境を身体で感じるような技術ですかね。

土井　そうです。そのとき私は「前方の自動車に近づきすぎたら、アクセルペダルが押し戻されるようにすればいい」と考えていたんですが、私の研究仲間は「自分の身体へのフィードバックなんていらない。自動車を減速させて安全を維持することが重要だ」と主張したんです。それで言い合いになって、互いに譲らなかった。結局、「どっちが正しいか実験車で勝負しよう」ということになりました。

為末　へえ。それでどうなったんですか。

土井　約1年後、お互いの車を交換して乗ってみたんですが、「なんか違うよな」とお互いが感じたんです。「やっぱり両方を合わせないとだめだね」というのが結論でした。

私の車のほうでは、アクセルペダルが押し戻されるからドライバーが自然に足を離します。ですが、慣性がついているから車のスピードはあまり下がらない。「なんのためにアクセル緩めたんだ？　もっとコントロールしてくれよ」となっちゃう。

一方、自動車が勝手にスピードを制御するだけだと、何が起きているかわからなくて怖いんですよ。「この自動車はちゃんと状況を理解している。任せて大丈夫」という安心感が足りないんです。

為末　身体や感覚と、車の動作の一体感が大切なわけですね。

土井　自動運転でも、まったくアクセルやハンドルに触れずに乗る場合もありますが、為末さんのように自分でも運転してうまくなることを楽しむ人もいます。そのとき自分の身体の使い方と、自動車の反応の仕方が、感覚的にぴたりと合うときっと感動があるはずです。日産のプロのドライバーも、「身体と動きがシンクロする車や瞬間がある」と言っています。

為末　そういうのはあるって言いますよね。

土井　そうした達人の感覚が普通の人でも楽しめるようにできれば、車はもっと面白くなると思います。

対談を終えて

土井さんとお話しするなかで、自動運転できるようになったり、ネットに車がつながることで、変わる価値と変わらない価値はなんだろうという問いが生まれました。たとえばこれまではある車種を一度世に出したらニューモデルが出るまでは性能が変わらなかったのが、コンピュータのOSをバージョンアップするように、車に新たなデータをダウンロードすれば改良していくことができるようになっていく。そうすると同じ車に長く乗り続けることができます。ドライバーの身体的感覚と車の動きとの調和なども、ソフトウエアによって改良されていくのかもしれません。

自動運転になれば安全で便利になるけれども、運転する楽しさを完全に手放すのはもったいない気がします。僕は運転しているときの「自分でコントロールしている」という感覚が好きだし、運転するほどうまくなっていくのもうれしい。車の丸いハンドルは僕たちが思っている以上によくできた仕組みで、簡単にはほかのものに取って代わられることはないだろうと土井さんもおっしゃっていましたが、自動運転の時代になっても僕の車ではこのハンドルがけっこう活躍すると思います。

遠藤 謙

サイボーグ代表取締役社長

現在、為末大は競技用義足の開発会社、
サイボーグの取締役として
経営に携わっている。
為末に声をかけたのが
MITメディアラボで学んだ研究者、
遠藤謙だ。
目標は2020年の東京パラリンピックで
義足アスリートがオリンピックの優勝者の
タイムを超えること。
技術が身体に対する概念も
変えていく時代、
人間の心と知性のあり方は
どうなっていくのか。

義足ランナーの走りがボルトを超える日

遠藤謙（えんどう・けん）
ソニーコンピュータサイエンス研究所研究員、サイボーグ（Xiborg）代表取締役社長。1978年静岡県生まれ。2001年慶應義塾大学機械工学科卒業。2003年同大学大学院にて修士課程修了。2005年より、マサチューセッツ工科大学（MIT）メディアラボバイオメカニクスグループにて人間の身体能力の解析や下腿義足の開発に従事。2012年博士取得。ロボット技術を用いた身体能力の拡張に関する研究や途上国向けの義肢開発に携わる。2014年には、競技用義足開発をはじめ、すべての人に動く喜びを与えるための事業としてサイボーグ（Xiborg）を為末氏らとともに起業。2012年、MITが出版する科学雑誌『Technology Review』が選ぶ35歳以下のイノベータ35人（TR35）に選出された。2014年にはダボス会議ヤンググローバルリーダーズにも選出されている。

「欠損しているものを埋める」という発想を越えて

義足で走るほうが速くなるんじゃないか

遠藤　ＭＩＴのメディアラボにいたときに、オスカー・ピストリウス（南アフリカの陸上短距離選手）が、２００８年の北京パラリンピックに出ることになって、彼の走りのデータ計測に協力したんです。両脚とも義足で走るピストリウスを目の前で見て「めちゃくちゃ速いな。義足で走るほうが速くなるんじゃないか」と、感じたんですよね。

為末　僕も彼の走りを見て、パラリンピアンがオリンピアンに勝つかもしれないという可能性を感じました。

遠藤　それで、ＭＩＴメディアラボを修了して日本に帰ってきて、仲間たちと具体的に「競技用義足を開発しよう」となりました。いざ、誰とやるかと考える段階で、真っ先に出てきたのが「為末大」だったんです。それで２０１３年に為末さんと初めて会った。

為末　そう。話を聞いて面白いと思った。僕は現役時代、サンディエゴで練習していたんですが、そのときの環境と、日本に戻ってきてからの環境の違いを感じていたんです。向こうでは練習場所を、オリンピアンとパラリンピアンがシェアして使っている。でも日本に戻ってきたら、健常者と障がい者の練習場所がはっきり分かれていたんですね。その隔たりをつくっている人びとの意識は、パラリンピアンがオリンピアンに勝ってしまうというぐらいの大きな変革が起きないと変わらないんじゃないかと思いました。そんなとき遠藤さんから声をかけてもらった。

遠藤　日本は、どこか障がいを持つ人から目を背けるというか、見ないふりをする感じがある気がするんです。道を歩いていても、電車の中でも。障がい者が健常者に機能的に劣ることなく日常生活を営めるような技術が実現すれば、その人たちは普通に過ごすことができるようになる。そういう社会をつくりたいという気持ちが根底にありました。

パラリンピックっていうのは、そういうメッセージを届けられるひとつの出来事だと思うんですよね。だから、義足の選手が速く走ることにロマンを感じるし、そうしたことを実現するための研究に対する好奇心があるんです。社会がどう反応してくれるか、興味あります。

為末　障がい者であるかないかの境目なんていうものは、法律的にはあるけれど、本当はないんだと思います。「不便さ」って、本来グラデーション的なものじゃないか、と。たとえば、薬指がなくなったら、日本の法律では障がいと認定されるのかな。

遠藤　それはされますね。

為末　でも、爪が剥がれているのは障がいには認定されないでしょう。ただ膝が痛いだけでも認定されない。障がいと健常の境目は本当はないのに、みんなルールでつくられた境目に慣れすぎている気がしてるんです。

遠藤　脚がないなど、外見的にその人の体が健常者と異なると障がい者に認定される一方、外見的には機能が圧倒的に衰えていることがわからなければ障がい者に認定されないこともある。障害者手帳を発行するかどうか判断しなければならないから、境目をつくっているんですよね。

為末　そういう境目のようなものを、ボーンと破壊するような何かが実現すると面白いと思う。もともと僕は、世の中のレッテルみたいなものが好きじゃないんです。その人がどんな人かっていうのは、会ってみないとわからない。みんなが「そうだ」と思っていることを「本当にそうなのか」と思う気持ちは昔から強かったんだと思います。特に、障がいについていうと、過剰な配慮ほど本人を傷つけることはないと思っていて。

遠藤　2005年にMITメディアラボに入学するより前は、脚のない友人のことを「不便だろうな、かわいそう」と思っていたんです。でも、留学先で、両脚が義足のヒュー・ハーという先生に会って、毎日のように接していると彼が義足であることも忘れてしまったん

サイボーグで開発中の義足

ですよね。そうすると脚がないことへの配慮がよい意味でなくなってくるんです。脚がないっていうのは不便であることのひとつの要因であるかもしれないけれど、齢をとって筋力が弱っているとか、大きな荷物で両手がふさがっているとか、別の要因で不便を感じている人たちもいる。留学時代の経験から、そういう人たちを自然と区別しなくなってきました。

10%の人が求める技術を実現していく

為末　この先技術が進歩していくと、どんどん不便なことが解消されていくでしょうね。

遠藤　ただ今までの技術開発はマスを狙うものが多かったんですよね。やっぱり市場があって、お金がつくものが優先される。今日本は経済が成熟してかつてのような経済成長は見込めなくなったので、そのマスから漏れた人たちの生産性を上げるような技術にも目がいくようになったと思うんです。1人ひとりの個性に対応できるような技術といってもいい。その技術で世の中の90％の人が便利になったとしても、10％の人はそこからもれてしまっていた。そのギャップを埋める技術が求められていくんだと思います。

遠藤　1人ひとりの個性に対応する技術というのは具体的にはどういうこと？

為末　たとえば労働力でいうと若い人がどんどん少なくなって、お年寄りが増える。年をとると膝が痛い人とか足が痛い人とか、腰が曲がってる人とか、身体の特徴がどんどんどんどん分岐してくる。それが個性です。それに対してひとつのもので対応するのは無理だと思うんですよね。そういった、コストはかかるんだけれども、いろんな人がいろんな技術を使って、他人とは違う自分の弱点を補っていくことが求められていると思うんです。

為末　僕は義足の開発をしていてもうひとつ興味深いなって思うことがあって、それは、「欠損してるものを埋める」という技術の方向から、だんだんそれ以上のものになっていることです。義足をつけた人が健常者より速く走れるようになったらそういう世界が開ける。脚がない人たちが脚がある人たちを機能的に超える、つまりマイナスからゼロを通り越してプラスになる。スマホやネットにしても、使っていると自分の能力が拡張している

義足をつけた選手のトレーニング風景。

ように感じることがあります。人間能力とか人間の限界値とかっていうもの自体がかなり疑わしくなっていくんじゃないかと。現状は義足の定義ってほとんどないんですよね。

遠藤　長さの規定だとか、動力を使っちゃだめとか、走りに有利なバネ類は使っちゃだめといった、ざっくりしたものはありますね。神経とはつながらないのかとよく聞かれますが、動力がないのでつなげてもあんまり意味がない。センシングではありえるかもしれませんが、義足でそういったものが開発されるのはまだ先なんじゃないかなと思います。神経は一回損傷したら再生できないので、動物実験とか、人体では絶対に安全が保障されてる場合でないと、たぶん普及しない。でも間違いなく今後研究が進む分野です。

身体の特徴が
どんどんどんどん
分岐していくのが個性。
それに対してひとつのもので
対応するのは
無理だと思うんです。

愛、宗教、知性、身体の未来

為末 これまで研究者たちと対談してきて、僕は「知」っていうものに、2つの側面があるような気がしたんです。

ひとつは、人間の直感はいかに現実の総体とずれているかに気づくという意味での「知」。ビッグデータのほうが人間の直感より正しい答えを導き出せる、という話です。

もうひとつは、人間があたりまえのようにしている判断のすごさ。たとえば、歩いているときに物が飛んできたら、それをひゅっとかわせるような単純な体の動きも、機械では簡単にはできない。これって当たり前のようだけれどもすごく知的な営みといえるんじゃないかと。

遠藤 両方とも知性と言っていいのかはわからないけど、人工知能の研究には流行りのようなものがあるんですよね。今の流行りは、ビッグデータです。今まで正しいと思っていたことがじつは間違っていたということがビッグデータを使うとわかるというね。それを人間は「納得いかない」。自分の直感のほうが正しいに決まっている」とは思わない。自分の直感により成果が出たことはそれとして、コンピュータにやらせるほうが優秀であるということに気がついたんです。

為末　そこまでコンピュータが優秀になったから人間の仕事がなくなると言われていますよね。

遠藤　そうではなくて、人間のパフォーマンスがこれまでとは違うところに求められていると思うんです。たとえば受験勉強みたいなものはたぶん人間に求められる能力じゃなくなってくる。それに対して、技術を使う者としての能力はまだまだ足りない。

為末　技術を使う能力。

遠藤　そう。ネットでの「炎上」みたいなものもそういう視点で考えることもできると思うんです。炎上は、何が重要なのか、何が真実なのか、ということをすごくわかりにくくする行為ですよね。ネットという便利なものがある、でもそれを使うときには理性とかリテラシーが求められる。技術は常に悪用や誤用というリスクがあるので、いかに正しい目的、正しい方法で使うかが個人個人に委ねられてきている時代だと思うんです。

為末　技術を悪用するということでいえば、たとえば3Dプリンターが一家に1台あって、銃の設計図のようなものが巷に広がったりすると、個人でできる破壊行為の規模がでかくなっていくということがあるのかもしれない。でも一方で、そういう社会に圧力をかけすぎていると、イノベーションが起きなくなりますね。

ロボットとの恋愛は可能か

為末　人工知能の技術や、脳科学などが進んでいくと、「自分の意志とは何か」といったことが問われるようになってくる。科学や技術が進んだとき、「自分の意志とは何か。自分の意志をどう保つか」という問いには、どのような答えが出ているんでしょうね。

遠藤　自分の意志であってもそうでなくても、自分が納得できればそれでいいんじゃないかと思います。たとえば、仏教では「死者は四十九日で来世に行く」ということを物理的な現象として信じている人はほぼいない。でも法事はちゃんとする。法事という行事をすることによって、悲しんでいた遺族は再び前を向いて生活を送れるようになる。何か拠り所が用意されていると、人間はそれにすがる。人間が追いつめられたとき、宗教はとても強力なソリューションになっているっていうイメージがあります。

為末　僕は「決められていること」と「決めること」のバランスが崩れるとき、人は不幸せになると思っていて、その点、宗教は「決められていること」を安定的にもたらしてくれるからありがたいのだと思う。無宗教の人は、すべてを自分自身で決めなければならないから苦しい。

これからは宗教とともに、ビッグデータや人工知能に自分の行動を決めてもらうということも起きてくるんだろうなと思います。「根拠のある占い」が世の中に現れるなんて話もありました。

遠藤　占いを信じている人は多いですからね。

為末　科学や技術が進化した先、「愛」はどうなっていくんだろう。たとえば人類愛とか博愛みたいなものを人工知能とかの技術がつくり出すということは可能だと思いますか。

遠藤　それはきつそうですね。

為末　人間は「自分はほかの人と同じだ」と思いたい気持ちと、「自分はほかの人とこんなに違うんだ」と思いたい気持ちを両方持っていて、その間で揺れ動いていると思うんですよね。共感とか恋愛感情ってそういう揺れのなかからたちのぼってくるわけで、その状態を人工知能が再現できるのか。

遠藤　ロボットとの恋愛が可能かどうか。つきつめればロボットが人をだませるかどうか、ってことなんだと思います。短い時間だけなら実現できるかもしれない。

為末　僕は難しいと思う。自分の思い通りになるようにこのロボットはプログラミングされていると思うと没頭できない気がします。

遠藤　意図的なところをどこまで隠すかっていう問題でしょうね。たとえば、高いつり橋を渡っているとき異性に誘われるとつい応じてしまうという心理学の「つり橋効果」のようなものもあるわけで、それは人工的につくり出せるんじゃないかと。

日本の企業を定年退職して、シリコンバレーで投資会社を営んでいる日本人の方と話したとき、その方は「将来、自分が独り身になったとき、寄り添ってくれるのが人であってもロボットであっても、すごく感謝するだろう」って話していました。でも僕は介護してくれるのがロボットだったら嫌だなってやっぱり思っちゃうんですね。今はね。でも、これから老後を独りで過ごす人が増えていって、話を聞いてもらえる相手がいればそれがロボットであってもよいっていう時代が来るんだろうなって感じるようになりました。

人間は瞬間的に「準最適解」を考えつく

為末　今後、人間が最も発揮できる価値というのは、どんなものなんだろう。

遠藤　月並みな答えだけれど、クリエイティビティとか発想とかじゃないですかね。

為末　ふと何かを思いつく、という能力?

遠藤　非線形的な思考っていったらいいのかな。ロボットは、与えられたすべての情報を前に、それらを処理しようとする。でも、その外側にある情報を結びつけるような発想は

自分が「これだ！」と
選んだことに対して、
後悔するのは、やっぱり
意味のないことなんだと
思えてきますね。

人間は「準最適解」を
考えつくのが得意なんです。
瞬間的に取った選択肢でも
まあまあ、つまり、
悪くないことが多い。

できない。でも、人間は意図的に思考を飛ばすことができる。

たとえば、今ここに空のコップがありますが、ふと窓の外を見ると車が走っている。そこで、なんの脈絡もないけれど「車をコップでつくってみたらどうか」なんていう発想が生まれる。それも1人のなかでは情報が限られてしまうけれど、異なるバックグラウンドの人が集まって考えると、より非線形的な思考が際立ってくる。そういうのを短時間で成し遂げる人間の能力はすごいなって思います。これをコンピュータでやろうとしたらとんでもなく時間がかかる。最終的に「最適解」にたどり着けるとしても、すべての問題に対して最適解は必要ないんです。人間は瞬間的に「準最適解」を考えつくのが非常に得意なんですよね。

為末　準最適解というのは、ベストではなくベターだっていうこと？

遠藤　「まあまあ」っていうことです。なぜ「まあまあ」止まりかといえば、瞬間的な発想だからです。あとあと考えてみたら「こっちのほうがよかった」っていうことはあるけれど、でも、瞬間的にとった選択肢も「悪くなかった」つまり「まあまあ」という場合は多い。それは人間の能力が成し得るものだと思うんです。そのときに求められていることを瞬間的に把握して行動に移せるっていう能力です。

為末　そう考えると、自分が「これだ！」と選んだことに対して、「やっぱりこれじゃなかった」なんて後悔するのは意味のないことなんだと思えてきますね。瞬時に最適と思える選択をした自分の人間としての能力に目を向けるべきであって。

知的作業の起点は「動く」ということ

為末 人工知能などが発達して生活が変わってきたりしても、結局人間は些細なことを考え続けるんじゃないかなと思います。最後の最後まで夫婦の痴話げんかとか、近所とのちょっとしたいざこざとか、職場での社内政治みたいのが残るんじゃないかと（笑）。「すべての問題は科学技術によって解決された。でも何なんだろう、このモヤモヤは」みたいな感じが残ると思うんです。結局、その残されたものこそが、人間らしさなんじゃないかな。

遠藤 あと、「動く」ということの重要性を改めて考えてみてもいいかもしれませんね。動かないと人間って健康を保てないんですよ。だから歩行というのは体にとって必須なんです。情報収集という意味でも「動く」ということは大切です。

僕は途上国で物をつくるような活動もしているけど、そこで重要なのはやっぱりフィールドスタディなんですよ。ネットで取ってこれるものってマクロな視点の情報が多いんで

どこにも行かなくて
よくなった人間は、
散歩とジョギングを
し始めるんじゃないかと
思うんですよ。

すよね。たとえばバングラデシュの人口は何人であるとか、イスラム教徒はお酒を飲まないとか、そういう種類の情報です。でも現地に行ってある村で実際に活動するとき、そういう情報はあまり役に立たない。

個別具体的な情報は「動くこと」によって得るところがものすごい大きいんですね。本当にミクロで見てみると、１人ひとり違う。その差異を含めた情報は移動することによってじゃないと得られないと思うんです。

為末　動いているっていうことは、物と自分とのある種の関係が絶え間なく変化しているということですよね。人間は訓練しなくても、どこにもぶつからないで歩きながら、考えごとができる。人工知能（ＡＩ）にこれができるようになるのはすごく先なんじゃないかと思います。

遠藤　動いているときの情報は動画なんですよね。人間は目で映像を撮っていますが、全部記憶していくのは無理なので必要な情報を取捨選択をしているんです。ＡＩでも動画を撮ってそれを処理するのは可能だけれど、この取捨選択の能力は人間のほうが圧倒的に高い。

為末　目から入ってきた情報をほぼ自動的に取捨選択しながら体を動かしているんでしょうね。動きながら周辺の環境の変化を感知しつつ動いて、またその動きによって脳が刺激されて……というのはきわめて知的な作業なんですね。

結局どこにも行かなくてよくなった人間は、散歩とジョギングをし始めるんじゃないかと思うんですよ。

おわりに

僕は人と対話するとき、自分が「為末大」という人物であることを利用することがけっこうある。まともな記者だったら聞かないようなことを、「為末大」なら許してもらえるんじゃないかと思って質問してみるのだ。あえてそういう質問を投げかけたとき、人は本心や本音を話してくれることが多いように感じる。

この「未来対談」は、そんな「為末大だから」の質問を、10人の研究者に思う存分投げかけるという体験だった。いずれもその分野の最先端を走っている人たちだったが、彼らがなぜ今の研究分野を選んだのか、という話も興味深かった。今脚光を浴びている研究領域の多くはかつての辺境領域だった。これから世界を変えていく研究も、現時点では誰も目を向けていないようなところから出てくるのかもしれない。

僕は対談しているときも、ついアスリート的な思考をしてしまう。「この人たちに僕が勝てるところはないだろうか」と。もちろん、「走ること」以外で。おこがましいかもしれないけれど、「人間の心」の話については、アスリート時代から現在にかけて考え続けてきたので、ある程度踏み込んだ話ができたと思う。

「はじめに」で、「科学や技術が進歩するほど、人間がそれをどこまで受け入れられるかという問題が膨らんでくる」と述べたが、今改めて、その思いを強くしている。人工知能による精度の高い未来予測も、自動運転も、生身の身体能力を超える義足も、きっと技術的には可能なんだろう。では、そうした技術を、人間はどこまで倫理などに照らし合わせて許容するか。「変えられる未来」を人間が実際どう変えていくかはこの部分に懸かっていると思う。

18世紀半ばに起こった産業革命では、人間がしていた肉体的な作業の多くが機械に置き換わった。モノをひとつずつ手作業でつくっていたのが、機械化されて大量に生産できるようになった。人間が本来やりたくなかったこと、あまり得意ではなかったことを、機械がやってくれるようになったというところに産業革命の価値はあったと思う。

ビッグデータや人工知能の発展がもたらしている現代の科学・技術の革命は、人間の足りないところを補うものというよりは、プラスの部分をさらにプラスにしていくもののように僕には見える。それによって、人間はどんどん強く賢くなっていく。だからこそ人間でしかできないこと、人間だからできることをより真剣に考えていかなくてはならない。本書がそんな議論のひとつのきっかけになってくれればうれしい。

【初出】

下記を除く本書の内容は2015年1月から12月にかけて連載されたNewsPicks「為末大の未来対談」が初出です。

07　天野 浩　PRESIDENT　2015年5月18日号
10　遠藤 謙　本書初出

【撮影】

風間仁一郎
01　安宅和人
03　新井康通
05　林要
06　宮野悟
08　中島宏
09　土井三浩

大澤誠
02　矢野和男
04　天野浩

遠藤素子
07　中邑賢龍

鈴木愛子
10　遠藤謙

為末 大 ◎ ためすえ・だい

1978年広島県生まれ。陸上トラック種目の世界大会で日本人として初のメダル獲得者。男子400メートルハードルの日本記録保持者（2015年11月現在）。2001年エドモントン世界選手権および2005年ヘルシンキ世界選手権において、男子400メートルハードルで銅メダル。シドニー、アテネ、北京と3度のオリンピックに出場。2003年、プロに転向。2012年、25年間の現役生活から引退。現在は、一般社団法人アスリートソサエティ（2010年設立）、株式会社Xiborg（2014年設立）などを通じ、スポーツ、社会、教育、研究に関する活動を幅広く行っている。著書に『走る哲学』（扶桑社）、『走りながら考える』（ダイヤモンド社）、『諦める力』（プレジデント社）などがある。

為末大の未来対談

発行　2015年12月23日　第1刷発行

著　者　　為末 大
発行者　　長坂嘉昭
発行所　　株式会社プレジデント社
〒102-8641　東京都千代田区平河町2-16-1
電話：編集（03）3237-3732
販売（03）3237-3731
構　成　　漆原次郎
装　丁　　長谷部貴志（長谷部デザイン室）
編　集　　中嶋 愛
制　作　　関 結香
印刷・製本　図書印刷株式会社

ISBN978-4-8334-2159-1
Printed in Japan